고인돌, 세상과 소통하다

세계유산 화순 고인돌 이야기

고인돌, 세상과 소통하다
세계유산 화순 고인돌 이야기

초판 1쇄 발행일 2014년 12월 30일

지은이 이영문 · 신경숙
펴낸이 이원중

펴낸곳 지성사 **출판등록일** 1993년 12월 9일 **등록번호** 제10-916호
주소 (122-899) 서울시 은평구 진흥로1길 4(역촌동 42-13) 2층
전화 (02) 335-5494 **팩스** (02) 335-5496
홈페이지 지성사.한국 | www.jisungsa.co.kr **이메일** jisungsa@hanmail.net
편집주간 경현주 **편집팀** 안선영 **디자인팀** 이향란, 장현지

이 책은 2014 세계유산 활용·홍보 사업(문화재청, 화순군)으로 제작되었습니다.

ISBN 978-89-7889-296-4 (03900)

이 도서의 국립중앙도서관 출판시도서목록(CIP)은 서지정보유통지원시스템 홈페이지(http://seoji.nl.go.kr)와 국가자료공동목록시스템(http://www.nl.go.kr/kolisnet)에서 이용하실 수 있습니다. (CIP제어번호:CIP2014037222)

세계유산
화순 고인돌 이야기

고인돌, 세상과 소통하다

이영문 · 신경숙 지음

들어가는 글

고인돌은 시골집 마당이나 담장, 마을 주변 논밭과 언덕, 산기슭에 널려 있는 바윗돌로 여겨 우리가 무심코 지나치며 바라보던 돌이다. 우리 선조들과 함께한 고인돌은 소원을 비는 대상이며 그들의 애환을 간직한 기원 대상이기도 했다. 이런 고인돌이 오늘날 곳곳에 흩어진 모습으로 우리에게 성큼 다가오고 있다.

고인돌은 유치원이나 초등학교 시절부터 배워온 문화유산이다. 2000년 12월 우리나라 고인돌이 세계유산으로 등재된 이후 사람들의 관심이 더욱 깊어졌고 궁금증도 많아졌지만, 시간의 길이만큼이나 까마득하고 신비한 이야기로 비칠 수 있다.

문자로 기록되지 않은 시대의 삶을 이해하는 것은 어렵다. 고인돌을 통해 사람들이 왜 고인돌을 만들었는지, 그들이 어떤 생각을 하고 살았는지, 그 의미는 무엇인지, 그 속에 담긴 이야기를 매우 흥미롭게 전해주고 있다. 특히, 고창과 강화 고인돌과 함께 세계유산으로 등재된 화순 고인돌은 1995년 처음 발견될 당시 계곡 산자락 끝 수풀 속에서 자신만의 이야기를 간직한 채 3천 년을 기다려 왔다.

이러한 이야기를 통해 고인돌은 우리 조상들의 삶이며 나의 뿌리를 찾아가는 길임을 인식하고, 화순 고인돌의 가치와 의미를 비로소 이해할 수 있게 되었다. 더 나아가 후세에게 어떻게 전해줄 것인지에 대한 고민과 책임감을 느끼게 된다.

이 책은 이러한 방향으로 가는 데 길잡이 역할을 하기 위해 제작되었다. 총 6장으로 구성되어 있으나 그 중심은 화순 고인돌 유적과 세계유산에 대한 가치와 의미에 초점이 맞춰져 있다.

1장에서는 '선사시대의 상징, 거석문화'라는 주제로 세계 거석문화 속의 한국의 고인돌을 집중 조명했고, 2장에서는 고인돌의 주인공에 대한 이야기와 부장유물 등 고인돌을 보고 일반인들이 궁금해하는 내용을 해결하고자 했다. 3장에서는 고인돌 사람들의 생활에 대한 이야기를 그림과 사진을 곁들여 풀어보고 자연에 순응하면서 슬기롭게 살아간 사람들의 이야기로 구성했다. 4·5장에서는 수풀 속에서 드러난 화순 고인돌 유적에 대한 상세한 이야기와 함께 등재된 고창과 강화의 고인돌 유적에 이르기까지 돌을 채석하여 운반하고 이를 무덤으로 사용한 청동기시대 사람들의 세계관을 함께 이해하고자 했다. 6장에서는 화순 고인돌 주변의 가볼 만한 역사유적을 소개하면서 누구나 편안하고 가벼운 마음으로 화순 고인돌 유적지를 찾아오기를 희망하는 의미가 크다.

이 책이 발간되기까지 도와주신 문화재청과 화순군 관계자 여러분께 감사드리며, 특히 자료를 정리해준 동북아지석묘연구소 문화사업부 연구원에게도 감사드린다. 마지막으로 이 책을 발간해주신 지성사 이원중 대표와 직원 여러분에게도 감사의 말씀을 드린다.

2014년 12월 30일

(재)동북아지석묘연구소장 이 영 문

차례

1 선사시대의 상징, 거석문화

우리는 지금 광활한 우주 저 공간에서 반짝이는 별빛이 사실은 몇억 광년 전의 반짝임이라는 것을 믿으라는 시대에 살고 있다. 이른바 과학의 시대다. 과학은 우리가 실감할 수 없는 일을 과학이라는 이름으로 윽박지른다. 보통사람들은 여전히 실감 나지 않지만 그저 상식으로 받아들이며 살아갈 수밖에 없다. 그런데 참 이상한 것은 몇억 광년 전의 빛이 변함없이 반짝이고 있다고 확정적으로 이야기하는 이 시대와 3000년 전의 세상이 마치 물과 기름이 섞이지 않는 경계가 분명한 상태로 나눠져 있다는 느낌을 떨칠 수 없다는 점이다.

글이 없어 기록으로 남기지 못했던 선사시대(先史時代)와 기록으로 남긴 역사시대(歷史時代)가 그렇듯, 강 저쪽을 이쪽에서 바라보는 느낌이다. 저쪽이 보이기는 하지만 저쪽에서 왜, 무엇을, 어떻게 하는지를 정확하게 알지 못하는 상황이다. 소리는 들리지 않고, 형체만 희미하게 보이는 듯하다.

강 건너 이쪽에서는 동굴 벽화나 무덤 등지에서 발견된 그림과, 선사시대 집터나 무덤 등에서 발견된 토기나 칼, 그리고 생활용품 따위로 조각을 맞춰가며 저쪽의 이야기, 다시 말해 선사시대의 이야기를 만들어 간다. 이런 상황에서 이야기를 좀 더 풍부하게 구성할 수 있도록 실마리가 되는 선사시대의 유물이 있다. 바로 거석문화를 대표하는 고인돌이다.

돌에 남긴 역사, 거석문화

거석문화(巨石文化)란 자연에 있는 바위로 숭배 대상물이나 무덤 따위의 기념물을 만든 선사시대의 문화를 가리킨다. 좀 더 자세히 풀이해 보면 거석(megalith)이란 숭배 대상물이나 기념물 또는 그 일부에 사용한 돌을 말하며, 거석물은 인간이 돌로 만든 구조물을 뜻한다. 이에 따라 거석문화는 돌로 만든 구조물 모두를 가리킨다고 할 때, 큰 돌로 만든 고인돌이나 선돌은 물론, 작은 돌로 만든 돌널무덤이나 돌무지무덤까지 아우를 수 있다.

일반적으로 세계의 거석문화는 선사시대에 속하는 기념물이나 거석 무덤에 한정하여 일컫는다. 돌로 숭배 대상물이나 무덤을 만든 거석문화는 태양 숭배와 관련 있다고 보기도 하며, 주로 드넓은 바다 근처에 분포하고 있어 바다 항해와 관련하여 해양문화의 산물로 보기도 한다.

인도네시아 숨바 섬의 바솔라 고인돌

거석 기념물은 풍요로운 수확물을 거둘 수 있게 하늘에 기원하는 마음에서 세운 기념물, 주변 집단과의 전투에서 승리를 기념하기 위한 기념물, 존경하는 지도자를 추모하기 위한 기념물 따위로 세워진 경우가 많다. 다시 말해, 이 거석 기념물들은 자연의 여러 현상과 인간의 생사와 관련한 환희와 공포의 대상을 숭배하는 원시 신앙의 한 형태이자 부족 족장의 위력을 나타내거나 묘비와 지역 경계의 표지로 세운 것이라고 추측할 수 있다.

따라서 이 기념물들은 제사의식이나 종교적 · 사회적 목적의 무덤 또는 기념물 형태로 세워졌기에 지역에 따라 규모나 구조, 형태가 다양하여 각 지역의 사회적인 전통과 독특한 문화적인 배경을 짐작할 수 있다.

거석문화의 다양한 형태

고인돌

고인돌(Dolmen, 支石墓)은 땅 표면과 밑에 무덤방을 만들고 그 위에 거대한 덮개돌을 덮은 형태로, 거석문화를 대표하는 유적이다. 유럽에서는 신석기시대부터 돌로 거석 기념물을 만들기 시작했고, 아시아를 비롯해 그 밖의 지역에서는 청동기시대나 철기시대에 고인돌이 만들어졌다.

고인돌의 형태는 지역에 따라 차이가 있지만 탁자 모양의 형태가 세계적으로 가장 많이 남아 있다. 특히 거대한 덮개돌 아래 4개 정도 받침돌을 고인 바둑판식은 우리나라에만 나타나는 형태이다. 우리나라를 비롯한 아시아 지역의 고인돌은 무덤방 하나에 덮개돌 하나인 데 비해, 서유럽 고인돌은 여러 개의 받침돌을 연이어 세우고 그 위에 덮개돌 몇 개가 덮여 있는 터널형(복도형, 통로형)이다.

선돌

선돌(Menhir, 立石)은 돌 하나를 수직으로 세워놓은 형태로 고인돌과 함께 거석문화를 대표하며, 우리의 농촌 마을 입구에서 흔히 볼 수 있다. 선돌의 기원은 대체로 생산과 풍요를 기원하는 남근(男根) 숭배와 관련 있는 것으로 보고 있다. 하나만 서 있는 경우도 있지만 유럽의 프랑스나 영국에서처럼 몇십 기에서 몇천 기가 줄지어 분포하거나 몇 겹으로 둥그렇게 둘러선 것도 있다.

생산과 풍요를 상징하는 남근 숭배 외에도 태양과 관련한 태양 숭배,

❶ 전남 영광 성산리 평금 고인돌 ❷ 전남 화순 벽송리 고인돌 ❸ 평양 문흥리 고인돌
❹ 프랑스 로체 고인돌

묘 앞에 세우는 묘표석의 기능, 제단의 기능, 천문학적인 기능으로 보기도 한다.

열석

열석(列石)이란 선돌이 한 줄이나 여러 줄로 죽 늘어선 형태를 가리킨다. 유럽, 특히 프랑스 브르타뉴 지방의 카르나크(Carnac) 열석이 대표적이며 우리나라에서는 발견되지 않는다. 카르나크의 열석은 작은 것이 60센티미터, 가장 큰 것은 6미터에 이르는 3,000여 개가 넘는 선돌이 세 구역으로 나뉘어 약 4킬로미터에 걸쳐 동서로 뻗어 있다. 이 열석들은 제사와 관련

❶ 전남 나주 남평 동사리 입석 ❷ 프랑스 카르나크 열석 ❸ 영국 아베버리 열석

있는 것으로 보기도 하고, 하지나 동지와 관련한 의례행위, 하루의 시간이나 계절을 추정하는 기능으로 보기도 한다.

환상열석

환상열석(環狀列石)은 선돌을 둥그렇게 한 줄 또는 이중으로 배열한 형태를 가리키며, 이에 관한 대표적인 유적으로 영국 런던 남서쪽 솔즈베리 평원에 있는 스톤헨지(Stonehenge)가 있다. 여기에 사용된 청석(푸른빛을 띠는 응회암)은 210킬로미터 떨어진 곳에서 옮겨온 거석으로, 이 거석 30여 개를 원형으로 세우고 그 위를 연결했으며, 그 안에 거석 두 개를 세우고 그 위에 장대석을 얹어놓은 삼석탑(三石塔) 5개를 U자형으로 배열했다. 이때의 기둥 돌은 무게가 30~40톤, 윗돌은 6~10톤이 된다고 한다. 이 환상열석 주위에 길이 1.3킬로미터의 도랑과 둑이 둘러쳐져 있는데, 적어도 247개의 선돌이 있었던 것으로 추정한다. 이러한 환상열석은 장례와 관련하여 특수한 의식 장소로 보는 견해와 하지 때 일출과 관련하여 천체를 관측했던 곳으로 보는 견해가 있다.

석상

석상은 돌에 사람의 얼굴 등 형상을 묘사하여 세워놓은 것을 말한다. 우리나라에서 흔히 볼 수 있는 벅수(장승)나 제주도에 많은 돌하루방, 왕릉 앞에 세워진 문·무인석 같은 형태를 가리킨다. 이 석상은 여러 나라에서 발견되지만, 뭐니 뭐니 해도 남태평양에 있는 조그마한 이스터 섬의 석상이 대표적이다. 이 섬은 가장 가까운 칠레의 산티아고에서 무려 3,700킬로미터나 떨어져 있는 외딴 섬으로, 해안가에 사람 얼굴을 조각한 2백여 개의 석상들이 바다를 향해 웅장하고 당당하게 세워져 있다. 이 가운데 10미터가 넘는 높이에 무게가 82톤인 석상을 '이스터 섬의 수수께끼'라 일컫는다.

❶ 영국 스톤헨지 환상열석 ❷ 영국 스톤헨지 세부 모습 ❸ 칠레 이스터 섬 모아이 석상
❹ 조선 9대 성종 선릉의 무인석

큰 바다와 인접한 곳에 밀집된 거석문화

고인돌을 비롯한 거석문화는 북유럽, 서유럽, 지중해 연안 지역, 인도, 동남아시아, 동북아시아 지역에 걸쳐 세계적으로 분포하고 있으며 주로 큰 바다와 인접한 곳에 밀집되어 있다.

유럽의 거석문화는 모두 대서양 동쪽 연안을 따라 길게 집중 분포되어 있다. 북유럽의 고인돌은 발트 해 연안인 스웨덴 남부와 덴마크, 네덜란드 북부, 독일 등지에서 발견된다. 서유럽 고인돌과 거석문화의 중심은 프랑스이며, 남쪽으로 포르투갈과 스페인, 서쪽으로는 영국과 아일랜드에 이른다. 지중해 연안의 거석문화는 가장 큰 섬인 코르시카와 사르디니아 섬, 프랑스 남부인 프로방스 지역, 이탈리아의 동남부 반도, 아프리카 북부인 알제리, 지중해 동안(東岸)인 시리아 등 곳곳에 존재한다. 그리고 흑해 연안의 고인돌은 러시아 캅카스(코카서스) 지역에 집중 분포되어 있다.

유럽의 거석문화는 프랑스 브르타뉴 지역을 중심으로 신석기시대에 농경의 보급과 함께 주변 지역으로 퍼져 나간 것으로 보인다. 또한 고인돌 무덤방 구조는 널길이 있는 무덤방이 대표적인 형태이며, 지상에 축조된 무덤방 하나에 여러 구의 주검이나, 무덤 한 곳에 여러 기의 무덤방이 있는 다장묘(多葬墓)가 특징이다.

아시아 지역에서는 인도, 인도네시아, 베트남, 대만, 중국, 일본 그리고 우리나라 등 주로 인도양과 태평양 인근에 위치한 지역에서 발견된다. 인도의 거석문화는 인도 전 지역에서 발견되지만 데칸 고원 남부에 집중되어 있으며, 고인돌 무덤방은 卍자 형태와 한쪽 벽석에 구멍이 뚫려 있는 것이 특징이다.

인도네시아 숨바 섬에는 최근까지도 고인돌을 만들어 사용했고, 대만 지역에서도 80여 기가 발견되었는데 이 모두 탁자형으로 사당(祠堂)이나

❶ 프랑스 몽구 통로 무덤 ❷ 프랑스 베르네즈 석총 ❸ 러시아 캅카스(코카서스) 고인돌
❹ 인도 안드라 프라데시 주 고인돌 ❺ 인도네시아 숨바 섬 고인돌

민간의 기원 장소로 쓰이고 있다.

동북아시아 지역에서는 한국, 일본 규슈 북서부 지역, 중국 절강성과 요령성 지역에 분포하고 있다. 중국의 고인돌은 절강성에 50여 기, 요령성에 700여 기가 분포한다. 일본의 고인돌은 우리나라와 가까운 규슈 지역의 나가사키·사가·후쿠오카현에 집중되어 있는데, 약 600여 기로 추산한다.

❶

❷

❸

❶ 중국 해성 석목성 고인돌 ❷ 일본 마루야마 고인돌 ❸ 일본 하라야마 고인돌

일본의 고인돌은 우리나라와 달리 큰 것은 2~3미터이고, 작은 것이 1미터 안팎으로 대체로 규모가 매우 작은 것이 특징이다. 탁자식은 없으며 작은 덮개돌 밑에 받침돌을 괸 바둑판식 축소형이 많다. 특이하게 주검을 항아리에 넣은 독널이 고인돌 아래에서 발견되기도 한다.

세계 거석문화의 40퍼센트가 분포하는 한반도

우리나라에는 4만여 기 이상의 고인돌이 분포되어 있다. 주로 서해안 지역을 따라 집중적으로 밀집되어 있으며, 전라남도 지방이 최대 밀집 분포권을 형성하고 있다. 최근의 고인돌 분포 통계에 따르면 북한 3160기, 강원 338기, 경기 502기, 충북 189기, 충남 478기, 전북 1597기, 전남 1만 9068

세계 거석문화 분포도

기, 경북 2800기, 경남 1238기, 제주 140기 등 2만 9510기이다. 북한 측의 자료에 따르면 대동강 유역에 1만여 기 또는 1만 5천여 기가 분포하고 있다 한다. 따라서 북한을 포함한 한반도의 고인돌의 수는 총 4만여 기에 이른다.

유럽의 거석문화의 수는 약 6만여 기라고 한다. 이는 선돌, 열석, 환상열석 등을 포함한 수이며 고인돌의 수는 많지 않다. 비교적 거석 무덤이 많은 아일랜드가 1500기, 러시아 캅카스 지역이 2400기 정도임을 감안하면, 단일 면적에서 가장 많은 분포를 보이는 곳은 우리나라뿐이다. 그중에서도 호남지방에 가장 많이 밀집되어 있는데, 이 지방에서 발견된 것만도 2만여 기에 이르고 있어 세계에서도 유례가 없는 고인돌 밀집지역으로 알려지고 있다.

한국 고인돌의 특징은 밀집과 군집성, 다양한 외형적 형태, 거대한 규모의 탁자식과 바둑판식 고인돌, 다양한 무덤방, 간돌검의 부장 등을 들 수 있다. 그중에서도 대규모의 바둑판식 고인돌과 간돌검의 부장은 다른 지역 고인돌에서 찾아볼 수 없는 특징이라 할 수 있다.

수풀 속에서 드러난 화순 고인돌

1995년 발견 당시 울창한 숲 속에 원시 그대로의 모습을 간직한 화순 고인돌 유적은 목포대학교 고고학 연구팀(교수 이영문)이 발견하여 학계에 보고하면서 세상에 알려지게 되었다. 전라남도 화순군 도곡면 효산리와 춘양면 대신리 반경 5킬로미터의 범위 안에 596기의 고인돌이 보검재 양 방향에 밀집 분포되어 있음이 밝혀졌다.

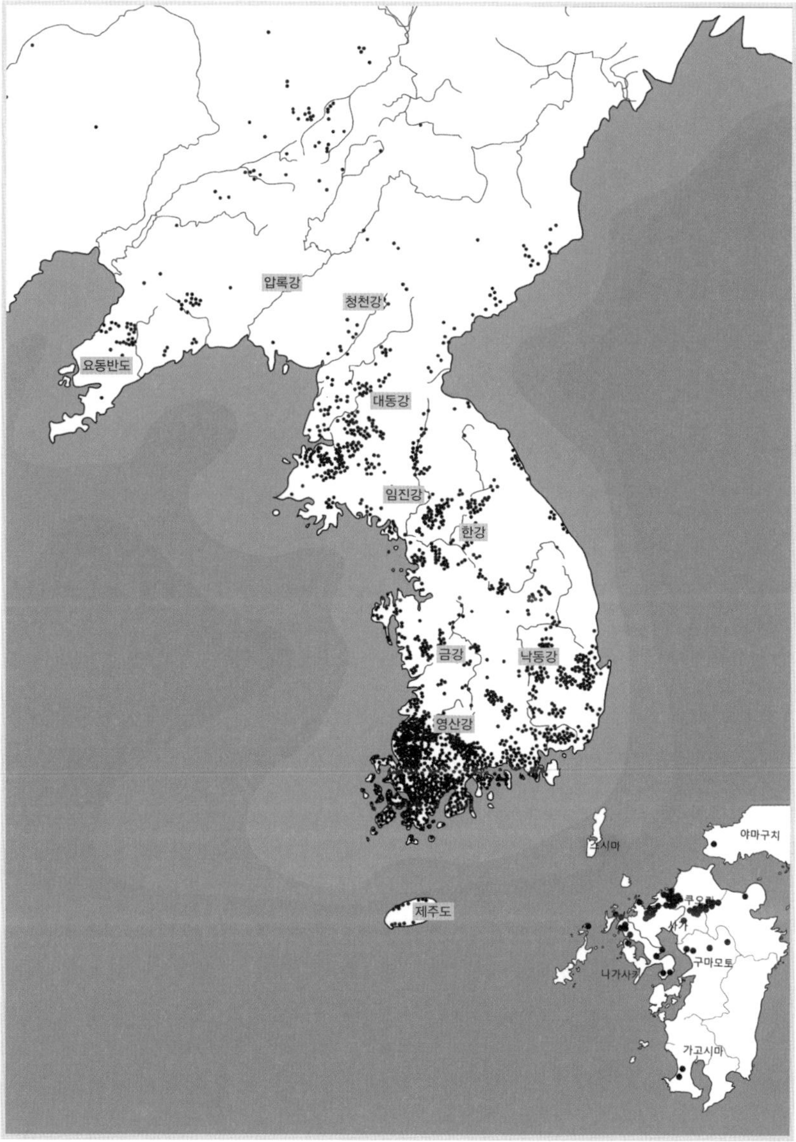

우리나라 고인돌 분포도

화순 고인돌이 세상에 알려지기까지

1995년 이전까지 화순 고인돌 유적은 주변 주민들이 논밭 경작지로 사용하고 있었고, 산기슭 사이로 경운기가 다니는 조그마한 길이 나 있을 뿐이었다. 보검재로 이어지는 길은 숲으로 막힌 상태였으며, 논밭으로 연결된 산기슭은 울창한 잡목들로 꽉 들어차 있어 사람들의 출입이 쉽지 않았다.

고인돌 중에 괴바위 고인돌만 멀리서 눈에 띄었을 뿐, 나머지 고인돌은 숲 속에 묻혀 암벽에서 떨어져 나온 바위인지 고인돌인지 구별할 수 없었다. 이러한 바위들 중에 받침돌로 고여 있는 바위와 줄지어 무리를 이루고 있는 바위들이 드디어 수풀 속에서 그 모습을 드러내게 되었다.

조사를 실시한 목포대학교 연구팀은 1995년 12월 15일 도곡면 효산리 주변의 고인돌을 조사했고, 다음날인 12월 16일 춘양면 대신리 쪽의 고인돌을 조사하게 되었다. 도곡면 효산리의 괴바위 고인돌과 관청바위 고인돌들, 마을 안 고인돌을 조사했고, 춘양면 대신리의 고인돌은 마을 입구 논 주변의 고인돌(괸돌바위), 마을 앞 논 가운데 쌓여 있는 고인돌, 그리고 민가 안에도 고인돌이 있음을 확인했다. 여흥 민씨 제각으로 이어지는 계곡을 따라가다가 숲 속의 바위들을 조사하는 과정에서 고인돌의 특징인 판석으로 짜 맞춘 무덤방과 받침돌로 괸 고인돌들도 확인했다.

이렇게 조사한 결과, 화순 고인돌은 도곡면 475기, 춘양면에 812기가 분포하고 있음이 밝혀졌다. 이러한 고인돌 분포 지역 가운데 도곡면 효산리 모산마을에서 춘양면 대신리 지동마을로 이어지는 보검재 양 방향 계곡을 따라 5킬로미터 범위의 596기 고인돌이 세계유산으로 등재되었다.

❶ 발견 당시 괴바위 고인돌 ❷ 발견 당시 감태바위 아래 고인돌 ❸ 발견 당시 감태바위 채석장

수풀 속의 고인돌 세계유산이 되다

자연 속에 숨어 있다가 비교적 최근에 세상에 모습을 드러낸 화순 고인돌 유적은 세계유산으로 등재되는 과정에서 여러 가지 해결해야 할 과제들이 많았다. 고인돌 문화의 원형 가치는 충분히 인정받았으나 법률적으로 아직 국가 사적으로 등록되지 않은 상황이었기 때문이다. 따라서 '화순 효산리 및 대신리 지석묘군'이라는 이름으로 사적 제410호로 지정된 이후 1998년 7월에 세계유산 잠정목록에 등재 신청을 하게 되었다.

등재 신청서를 작성만 하는 데도 2여 년의 시간이 걸렸다. 그 이전부터 연구와 국제 및 국내 회의를 통해서 자료 수집 등 오랜 기간 동안 여러 사람들이 많은 노력을 기울였으며, 시설 보완과 정비, 모니터링 자료 준비, 관리 계획의 수립 등도 함께 진행되었다.

작성된 세계유산 등재 신청서는 문화재청을 거쳐 세계유산 센터에 '고창·화순·강화 고인돌유적'이라는 이름으로 제출되었다. 등재 신청 이후 고인돌 유적에 대한 전문가의 현장 실사와 점검이 있었는데 이는 세계유산으로 고인돌의 OUV(탁월한 보편적 가치)를 점검하는 한편, 진정성과 완전성이 제대로 갖추었는지를 평가하는 자리였다.

이러한 고인돌 유산에 대한 평가가 이루어지고 난 뒤, 마침내 2000년 12월 호주 케언스(Cairns)에서 열린 제24차 유네스코 세계유산위원회 의장단 회의에서 세계유산으로 정식 등재되었다.

이렇듯 화순 고인돌은 처음 발견된 지 5년 만에 세계의 모든 사람들이 지키고 보호해야 하는 세계유산으로 등재되었다.

세계유산으로 등재된 이유는

유네스코에서 화순 고인돌 유적을 세계의 모든 사람들이 지키고 보호해야 하는 세계유산으로 등재한 가장 큰 이유는 당시의 자연환경이 그대

❶~❷ 세계유산 등재를 위한 현장 실사 ❸ 괴바위 고인돌 발굴 ❹ 마당바위 고인돌 발굴
❺ 탁자식 고인돌 발굴 ❻ 화순 관청바위 고인돌군 전경

로 살아 있기 때문이다. 우리나라 고인돌은 거대한 바위를 이용해서 만든 2000~3000년 전의 무덤과 장례의식의 기념물로, 선사시대의 문화가 함축적으로 집약되어 있으며 당시의 기술과 사회 현상을 생생하게 보여주는 문화유적이라 할 수 있다.

화순을 비롯해 고창·강화 지역의 고인돌은 한국에서도 매우 밀집도가 높고 다양한 형식의 고인돌이 한 지역에 분포하고 있다. 또한 고인돌 축조 과정을 알 수 있는 채석장이 있다는 점에서 우리나라 고인돌의 기원과 성격뿐만 아니라 동북아시아 고인돌 변천사를 규명하는 데 중요한 자료로 평가되었다. 이에 따라 세계유산위원회에서는 등재기준 제3항, "독특하거나 지극히 희귀하거나 혹은 아주 오래된 것"을 적용하여 화순·고창·강화 고인돌 유적의 세계 유산적 가치를 인정했다.

화순 고인돌 유적 전경

2천여 기의 고인돌이 밀집되어 있는 화순

전라남도의 중앙부에 자리한 화순은 영산강과 섬진강의 지류인 보성강이 발원하는 곳이다. 따라서 고대부터 영산강과 보성강의 문화를 아우르는 곳이면서 두 지역의 문화를 포용하고 다른 지역으로 전파하는 지정학적 위치에 있다.

화순 지역의 고인돌은 1980년대 동복댐 수몰지역 발굴 조사에서 처음으로 조사가 이루어졌으며 지금까지 1934기의 고인돌이 일정한 곳을 중심으로 집중 분포하고 있음이 밝혀졌다. 분포된 고인돌 가운데 댐 공사나 도로 확장, 택지 조성 등의 과정을 거쳐 18곳에서 160기의 고인돌이 발굴 조사되었다.

이러한 조사와 발굴에서 확인된 화순 고인돌은 탁자식과 바둑판식(기반식)·뚜껑식(개석식)의 고인돌 형태를 골고루 갖추고 있으며, 출토 유물에서 청동기는 아직 발견되지 않았으나 석기나 토기, 옥 등이 주로 발견되었다. 특히 화순 장항리에서 출토된 가지무늬토기는 부장용으로 특별히 제작되어 무덤방 에 묻힌 것으로 완전한 형태를 갖추었다.

또한 부장유물에서도 강에 따라 차이를 보이는데 보성강 인근에서는 다양하고 풍부한 부장유물이 발견되는 반면, 영산강의 지류에서는 부장유물이 매우 드문 편이다. 이는 보성강과 영산강을 따라 형성된 문화 양상이 모두 다르게 나타나는 화순의 지리적 특성 때문이다.

이제, 기록이 없는 선사시대를 대표하는 유물과 유적의 발굴과 더불어 연구로 밝혀진 고인돌의 나라로 떠나보기로 하자.

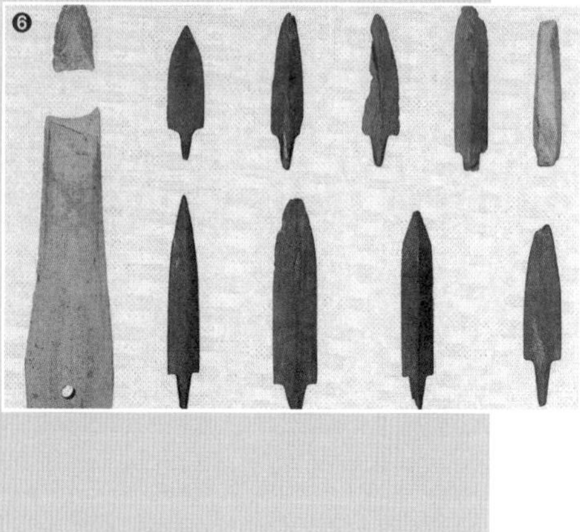

❶ 화순 동복댐(창랑리) 무덤방 전경 ❷ 화순 동복댐 출토 유물(돌검류)
❸ 화순 동복댐(장학리) 출토 채문토기 ❹ 화순 다지리 월정 고인돌
❺ 화순 운월리 고인돌 발굴 후 복원 모습 ❻ 화순 다지리 월정 고인돌 출토 유물

2 신비한 고인돌의 나라

고인돌은 언제 만들어진 유산일까?

고인돌이 언제부터 만들어졌는지는 모든 사람이 궁금해하는 문제이다. 유럽에서는 기원전 5000~4500년경에 처음으로 고인돌을 만들기 시작했으며, 농경문화와 밀접한 관계가 있는 것으로 보고 있다.

우리나라에서는 고인돌을 과학적으로 분석하여 측정한 절대연대 자료를 바탕으로 기원전 1200년 무렵으로 보고 있다. 이에 따라 지금부터 3000년 이전부터 고인돌이 만들어지기 시작해 기원전 3세기경 철기가 우리나라에 들어오면서 사라지게 되었다. 다시 말해, 우리나라 고인돌은 기원전 12세기부터 거의 1000년 가까이 우리나라의 대표적인 청동기시대의 유산이다.

이렇듯 1000여 년 넘게 만들어 온 고인돌이 왜 사라지게 되었을까? 아마도 당시 고인돌 사회는 동원할 수 있는 노동력에 한계가 있었을 테고, 그 노동력을 정치적 상징성을 내세우는 고인돌을 만드는 데 집중할지, 아니면 실용적으로 농업 생산에 집중할지 고민이 있었을 것이다. 이러한 고민 속에서 잉여 생산물의 축적이라는 현실적인 만족을 얻는 쪽으로 옮겨 갔으리라 추정한다. 따라서 필연적으로 고인돌 축조가 아닌 생산활동에 노동력을 투입했고, 그 과정에서 많은 인원을 동원하지 않아도 축조할 수 있는 움무덤(땅을 파고 시신을 묻는 방식)이나 나무널무덤(나무관에 시신을 넣고 묻는 방식)으로 바뀌었을 것이다.

왜 고인돌로 무덤을 만들었을까?

선사시대 사람들은 주로 자연환경에 의존하면서 생활했다. 인간보다 오래 살아 있는 거목(巨木)이나 거석(巨石) 숭배는 영원불멸한 자연에 대한 신앙이었다. 따라서 영험함과 생명력을 동시에 지녔다고 믿는 바위로 만든 고인돌은 죽은 이의 혼령이 안식하는 곳이자, 그 혼령이 살아 있는 사람에게 끼칠지도 모를 위해(危害)에서 산 사람을 보호한다는 의미도 담고 있다. 간돌검이나 돌화살촉 등 무기류를 고인돌의 부장품으로 주로 사용한 것도 죽은 사람의 영혼을 지켜주려는 것으로 생각할 수 있다.

고인돌을 축조하려면 거대한 바위를 채석하고 운반하는 과정을 거쳐야 한다. 수 톤에서 수십 톤에 이르는 거석을 채석하고 운반하는 데는 오랜 기간과 대규모의 노동력이 필요하다. 따라서 고인돌은 농사를 짓는 농경사회, 일정한 영역권이 형성된 정착생활, 혈연을 중심으로 하는 공동체 집단의 의례행위라는 배경에서 축조되었던 것이다. 다시 말해, 고대사회에서 나타나는 두레와 같은 협동조직이 형성된 공동체 사회에서 주변의 혈연 집단이 모두 참여하는 행사의 하나로, 조상의 무덤뿐 아니라 집단의 기념물로 고인돌을 세웠다고 생각한다. 이런 행위는 공동체 사회에서 힘의 결집과 협동단결을 이루는 데 큰 역할을 했을 것이다.

고인돌은 모두 무덤일까?

우리가 생각했던 것과는 달리, 고인돌이라고 해서 모두 무덤을 가리키는 것은 아니다. 고인돌의 쓰임새는 다음과 같이 크게 세 가지로 나눌 수 있다.

무덤으로 사용

대체로 고인돌이 무덤이라는 생각은 충청북도 제천시 황석리 고인돌(13호)에서 사람 뼈가 출토되어 보고되면서부터였다. 고인돌 무덤방의 규모가 일반적인 무덤의 형태와 크기를 갖추었으며, 무덤방의 길이와 폭이 다양했다. 이때 시체를 매장하는 방법으로 바로 펴묻기(시체를 바로 펴서 묻기), 굽혀묻기(팔다리를 꺾어 구부린 자세로 묻기), 두벌묻기(장사를 지낸 뒤 시체를 일정 기간 두었다가 살이 썩으면 뼈만 골라 묻기), 화장하기(시체를 불에 살라 장사 지내기) 등을 사용했을 것이다.

고인돌이 무덤이라는 증거는 한 곳에 떼를 지어 분포한다는 점과 사람 뼈가 발견된다는 점, 무덤 축조 과정에서 묻은 껴묻거리(부장품副葬品)가 발견된다는 점을 들 수 있다. 따라서 우리나라 고인돌은 대부분 무덤으로 사용되었다.

제단으로 사용

고인돌을 축조하던 사회에서는 여러 집단들의 협동과 결속력을 다지기 위해 상징적인 기념물이 필요했다. 이에 따라 거대한 덮개돌을 가진 고인돌이 일정한 지역 안에서 거족적인 행사의 하나로 세워졌을 것이다. 좀 더 풀이해보면, 지연(地緣)으로 결속된 여러 집단들의 공공집회 또는 다른 집단과의 경계를 표시하는 건조물로 제단의 의미를 가진 기념물, 즉 고인돌을 세웠으리라 여겨진다.

❶ 무덤으로 사용(강원도 홍천 철정리 고인돌) ❷ 제단으로 사용(중국 와방점 대자둔 고인돌)
❸ 묘표석으로 사용(전남 여수 월내동 상촌 고인돌)

제단 고인돌의 특징은 첫째, 고인돌 묘역과 일정한 거리를 유지하면서 1기 또는 2기만 독립되어 있거나, 둘째, 거대한 덮개돌에 대형 받침돌을 고여 외형상으로 웅장하고 돋보이는 규모와 형태이며, 셋째, 계곡에서는 그 끝부분에, 군락을 이룬 곳에서는 가장 지대가 높아 주위를 한눈에 바라볼 수 있는 곳에 독립적으로 세워져 있다.

묘표석으로 사용

묘표석이란 단순히 묘역을 표시하거나 묘역을 상징하는 기념물, 또는 묘역을 만든 집단의 권위와 위용을 나타내는 기능을 하는 것으로 볼 수 있다. 고인돌군 안에 있는 묘표석은 크게 두 종류로 나뉜다. 하나는 제단 고인돌과 같은 규모에 고인돌군의 중앙이나 한쪽에 치우쳐 자리 잡은 것, 다른 하나는 제단 고인돌보다 작은 규모로 그 자체에 석실을 갖고 있지 않은 것으로 구분된다.

첫 번째 유형은 고인돌 군집에서 거대한 덮개돌을 대형 받침돌이 괴고 있지만 그 밑에 무덤방이 없다. 이 유형의 고인돌은 위치에 따라 무리의 한쪽에 치우쳐 있는 것과 무리의 중앙에 있는 것으로 구분된다. 두 번째 유형은 여러 무덤방이 있는 가운데에 무덤방이 없는 고인돌이 놓여 있는 것인데, 대구광역시 대봉동 고인돌 발굴에서 이 형태가 나타났다.

고인돌 주인공에 대한 다양한 해석

고인돌에 묻힌 사람의 신분을 밝히는 일은 매우 어렵다. 우리나라 고인돌은 지역에 따라 형태나 밀집도가 다르고, 그에 따라 무덤방의 군집이나 형태가 다양하기 때문에 여러 주장들이 제기되어 왔다. 또한 고인돌이 오랜 시기 동안 축조되어 왔으므로 시기에 따라 묻힌 사람의 신분도 달라졌을 것이다. 예를 들어 강력한 지배자가 빨리 출현한 곳도 있고, 늦게 출현한 경우도 있었을 것이다.

한편, 고인돌의 군집에 따라 무덤방의 구조나 배치에서 차이를 보여 어떤 특정한 계급이나 계층만의 무덤으로 규정하기에는 어려운 점도 있다. 이에 따라 고인돌에 묻힌 사람의 신분은 족장(族長)과 같은 지배자의 무덤이라는 설, 지배자와 그 가족의 무덤이라는 설, 혈연 공동체 집단의 공동무덤이라는 설, 전쟁터에서 죽은 전사자의 무덤이라는 설 등의 견해가 있다.

지배자의 무덤

고인돌 주인공을 지배자로 보는 견해는 고인돌의 거대한 형태로 볼 때 보통사람들이 세울 수 없을 것이라는 데서 비롯된다. 다시 말해, 고인돌을 축조하려면 많은 인력을 동원할 수 있는 정치적인 힘을 가져야 하고, 이에 동원된 사람들에게 음식물 등을 보상할 수 있는 경제적인 부를 갖춰야 한다. 또 거대한 고인돌을 축조할 수 있는 사회적인 배경과 문화적인 바탕이 있어야 한다. 바로 이런 조건을 갖춘 사람만이 고인돌을 축조할 수 있다.

대표적인 지배자의 무덤으로는 묘역시설이 넓고, 그 중심에 거대한 고인돌이 배치되어 있는데다 주변에 규모가 작은 고인돌과 돌무덤, 움무덤을 배치한 경상남도 창원시 덕천리 고인돌 유적을 들 수 있다. 그리고 묘역시설이 단독인 곳에서는 간돌검, 간화살촉, 비파형동검 등 신분을 상징하는 유물들이 출토되고 있어 일반 고인돌과 구별된다.

북한에서 발견된 한 고인돌에 여러 무덤방이 배치된 사례는 지배자와 그에 따른 순장(殉葬)으로 보고 있다. 이 무덤방들 중 지배자가 묻힌 중심 무덤방은 규모가 크고 더 정교하게 축조되었으며, 부장품의 종류와 수량에서 신분적인 차이를 보였고, 사람 뼈도 한 사람인 데 비해 다른 무덤방에서는 3~4명의 뼈가 함께 나왔다. 이러한 점에서 지배자의 무덤으로 고인돌이 축조되었다고 볼 수 있다.

지배자와 그 가족의 무덤

무리 지어 있는 고인돌을 모두 지배자의 무덤으로 보기에는 무리가 있으며, 이에 따라 혈연을 기반으로 한 집단의 공동 묘역으로 본다. 발굴된 고인돌에서 신분을 상징하는 부장품은 일부 무덤방에서만 출토되며, 대부분 무덤방에서는 토기편 등 생활용구들이 약간 출토되고 있다. 무덤방 군집은 1기를 중심으로 적게는 2~3기, 많게는 4~6기가 주변에 배치되어 있고, 이런 고인돌 무덤방 군집 가운데 구조나 축조가 크고 더 정교한 무덤에서 부장품이 발견된다. 이곳에는 간돌검이 1점씩 부장되어 있어 다른 무덤과 구별된다.

전라남도 여수시 적량동 고인돌에는 무덤방 4~6기가 군집하고 있는데, 한 무덤방에서만 비파형동검이 발견되었다. 이 비파형동검을 신분 상징물로 볼 때 지배자와, 그와 가까운 가족의 무덤으로 볼 수 있다. 그리고 여수시 평여동 고인돌 무덤방은 정교하게 축조되었을 뿐만 아니라 갓돌을 세워 묘역을 구획했으며 대롱옥, 소옥, 환옥 등이 무더기로 나왔다. 또한 그 주위를 돌아가면서 여러 개의 무덤방이 배치되어 있는데, 여기에는 유물이 없거나 관옥이나 소옥 몇 점만 출토되었다. 이와 같은 무덤방의 배치나 출토된 유물의 양상에서 비파형동검, 간돌검, 옥이 나온 무덤을 지배자급으로, 그 주변의 무덤방은 그와 가까운 가족의 무덤으로 볼 수 있다.

혈연 집단의 공동 무덤

고인돌이 무리 지어 있고 대부분 열을 지어 있는 것으로 보아 혈연을 기반으로 한 집단의 공동 묘역으로 보는 견해다. 이런 점에서 지배자 집단의 묘역으로 설정하기도 한다. 앞에서 살펴본 지배자와 그 가족 무덤과는 달리, 무덤방의 구조나 유물에서 큰 차이가 없이 발견되는 경우와 개인 묘역시설이 잇대어져 있거나 한 묘역시설에 여러 기의 무덤방이 발견된다. 고인돌의 묘역시설에서 갓돌이 잇대어져 있는 부분은 무덤방이 대부분 펴묻기나 굽혀묻기를 할 수 있는 규모이다. 이런 무덤방의 주인공은 적어도 부부 사이거나 그와 가까운 혈연관계로 볼 수 있다.

전라남도 보성군 시천리 고인돌처럼 한 묘역시설 안에 3개의 무덤방이 나타난 경우에는 부부나 자녀 관계로 생각해볼 수 있다. 펴묻기를 할 수 있는 규모의 무덤방 주변에서는 굽혀묻기, 두벌묻기, 유아장(幼兒葬)이 가능한 무덤방이 적지 않게 보이지만 유물이 없는 것이 특징이다. 이 점 역시 신분 차이로 생각해볼 수 있지만 고인돌이 기본적으로 혈연을 중심으로 한 묘역이기 때문에 부모나 자녀의 관계로 보고 있다. 이처럼 가족 단위의 무덤으로 고인돌이 축조되었고, 어린아이까지 어른과 같은 무덤을 썼다고 보아야 할 것이다.

전사자의 무덤

고인돌의 후기 사회에서는 농경지나 노동력 확보에 따른 집단 간의 전투가 빈번했다. 이는 집단의 조직적인 세력의 존재를 의미하며, 집단을 보호하기 위한 방어시설이 많은 마을 유적에서 주로 확인되고 있나. 방어시설에는 외부와 경계 짓거나, 침입을 방비하기 위해 마을 주위에 판 도랑과 같은 환호(環濠), 통나무를 이용해 울타리를 만든 목책(木柵) 시설이 있다.

이 고인돌의 무덤방 안에는 간돌검이나 간화살촉 끝부분(鋒部) 편들이 발견된 예가 많다. 유물의 출토 위치는 머리 쪽에 많으나 배 부분에도 있어 집단 간의 전쟁에서 희생당한 사람으로 보기도 한다. 지배자급과 같은 무덤을 쓴 점에서 집단에서 처형받은 사람이 아닌, 출토된 유물과 사람 뼈에 박힌 고고학적 자료를 바탕으로 전사한 사람의 공훈묘(功勳墓)로 본 것이다.

우리나라에서 머리가 없는 사람 뼈가 발견되었고, 일본에서는 머리에 박힌 청동검편과 간돌검편이 발견된 바 있다. 그리고 배 부분에서 간화살촉 몇 점이 발견된 예도 있다. 이는 전투에 참가해 전사한 사람이나 전투 중에 상대편 집단에서 처형당한 사람의 주검을 거둬들여 성대하게 장례를 치렀음을 의미한다. 이런 의식으로 집단의 사기를 높이고 힘의 결집을 이끌었음을 알 수 있다. 이러한 과정을 거치면서 지역 단위로 점차 지역연맹체가 형성되고, 결국 지역 단위의 소국가들이 출현하는 사회적 배경이 마련되었다.

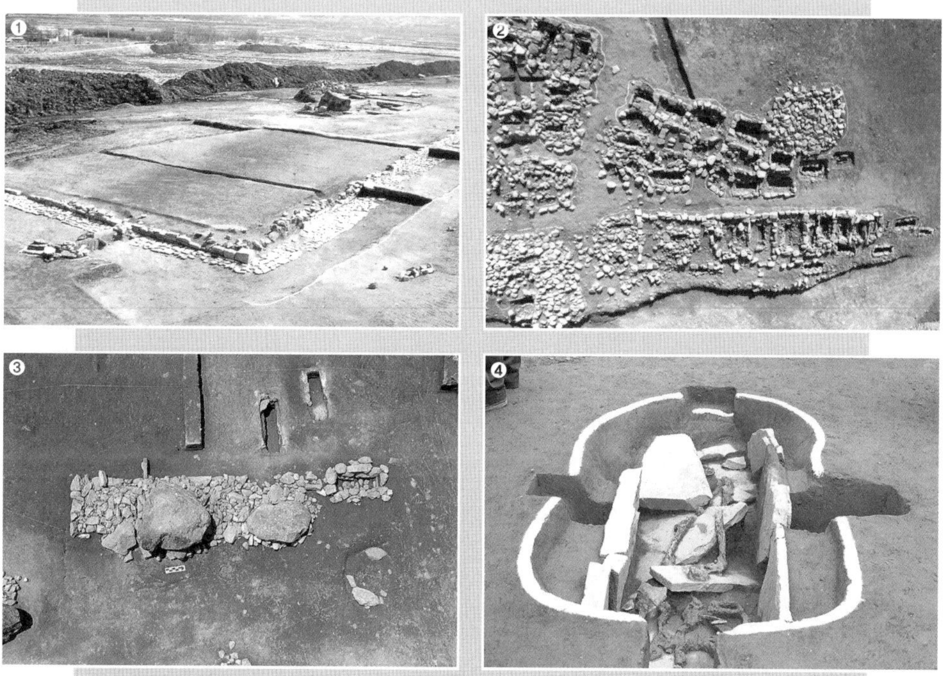

❶ 지배자의 무덤(경남 창원 덕천리 고인돌)
❷ 지배자와 그 가족의 무덤(전남 여수 월내동 상촌 고인돌)
❸ 혈연 집단의 무덤(전남 화순 다지리 고인돌)
❹ 전사자의 무덤(경남 진주 남강댐 고인돌–머리 없는 인골 출토)

고인돌에 부장된 유물들

돌검과 돌화살촉

돌검과 돌화살촉은 청동기시대의 대표적인 무기로 신분의 상징물이었다. 하지만 고인돌, 돌무덤뿐만 아니라 주거지에서도 출토되어 무덤의 부장품과 일상생활 등에 두루 사용되었음을 알 수 있다. 돌화살촉은 부장품인 경우 돌검과 함께 출토되며, 보통 몇 점씩 무덤방 가운데와 한쪽 벽면 아래에서 발견되며 완전한 형태를 유지하고 있다.

왜 죽은 사람 곁에 당시 사람들이 사용하던 도구들을 함께 묻었을까? 고인돌 무덤방에서 나온 유물은 검과 칼 등의 무기류와 그릇, 청동기 등인데 이것들은 죽음의 단계에서 죽은 사람에 대한 애도와 존경의 표시로 함께 묻었다고 볼 수 있다. 이러한 점에서 당시 사람들의 내세관이나 현세관이 반영되었다고 추측한다.

무기류는 현세에서 자신을 보호하는 기능과 상대방을 제압하는 기능을 가지고 있으며, 한편으로는 권위의 상징물과 사회적 지위를 뜻하기도 한다. 여수시 오림동 고인돌 덮개돌에는 간돌검이 새겨 있고 이 검을 향해 기원하는 인물이 새겨 있다. 이는 죽은 이를 보호하고 지켜주는 의미로 해석된다.

청동기

청동기는 당시에 특수 계층만 사용했던 것으로 비파형동검이 많으나 비파형청동창, 청동도끼, 청동촉, 세형동검도 있다. 비파형동검은 옛 악기인 비파 모양에서 따온 이름인데, 중국 요령지방에서 집중 출토되어 요령식동검이라 부르기도 한다. 세형동검은 검 전체가 가늘고 길어서 붙인 이름인데 비파형동검과는 생김새가 다르다. 한반도에서 집중 출토되어 한국식동검이라고도 한다.

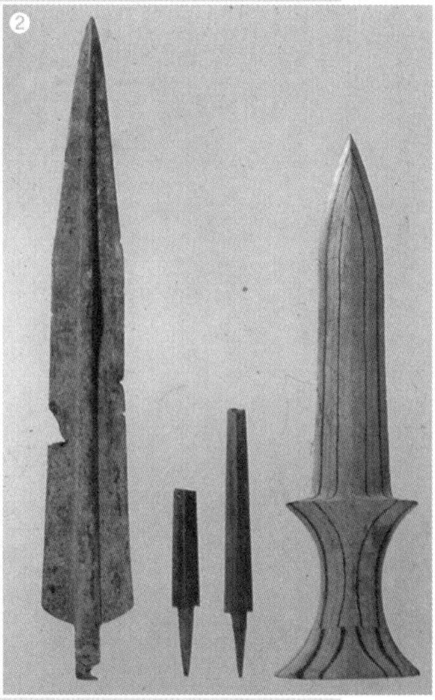

❶ 돌검과 돌화살촉 출토(전남 여수 봉계동 대곡 고인돌)
❷ 돌검과 돌화살촉 출토(경남 마산 진동리 고인돌)
❸ 비파형동검 출토(전남 여수 적량동 고인돌) ❹ 비파형동검(오른쪽)과 세형동검(왼쪽) 복원

옥

주로 장신구로 사용된 옥에는 천하석제(天河石製, 화강암의 일종인 페그마타이트Pegmatite의 조성광물로 담녹색을 띤다) 곱은옥과 벽옥제(석영류 옥석의 일종으로 녹색, 적색, 황색, 갈색을 띤다) 대롱옥, 환옥, 소옥이 있다. 곱은옥은 푸른 바탕에 흰 반점이 있는 천하석제를 이용해 만든 옥으로 한쪽 머리에 조그마한 구멍이 있다. 형태에 따라 반달이나 초승달 모양, 반원에 홈이 있는 것 등 다양하다. 허리가 굽어 있는 것이 많고, 구멍이 있는 머리 쪽이 좀 넓다. 대롱옥은 푸른빛이나 짙은 회색을 띤 벽옥제로 만들었는데, 가운데에 구멍이 뚫려 있어 줄로 연결해 사용했음을 알 수 있다.

토기

붉은간토기는 바닥이 둥글고 목이 있는 단지 형태이며, 고운 바탕흙으로 만든 그릇 표면에 산화철을 바르고, 매끄럽게 갈아낸 후에 구워내어 붉은색 광택이 나도록 한 토기이다. 단도마연토기 · 홍도(紅陶) · 적색마연토기라고도 한다.

가지문토기는 어깨부분에 검은빛이 도는 가지(W자) 모양의 무늬가 있는 단지를 말한다. 몸통 윗부분에 그을음을 착색시키거나 부분적으로 환원소성(還元燒成)하여 무늬를 만든 것으로 회색을 띠는 것도 있다. 이를 채문토기(彩文土器)라고도 한다. 고인돌이나 돌널무덤에서만 주로 출토된다.

토기 가운데 붉은간토기는 그릇 표면이 붉은색으로, 그릇을 만들기 시작할 때부터 그릇 표면을 여러 번 문질러 정성스럽게 만들었다. 이 붉은간토기는 현생과 내세를 연결하여 영원한 생명력을 갖도록 기원하는 종교의식용으로 사용되었다. 죽음 후에도 또 다른 세상이 있다는 당시의 내세관에서 보면 죽은 이에게 피를 공급해주는 의식으로 볼 수 있다. 고인돌의 무덤방에 안치된 주검의 위나 아래에 황토흙을 뿌린 경우도 있고, 붉은 돌을 무덤방 옆에 놓아두기도 한다. 붉은색은 내세에서 재생과 부활을 바라는 뜻이 담겨 있다.

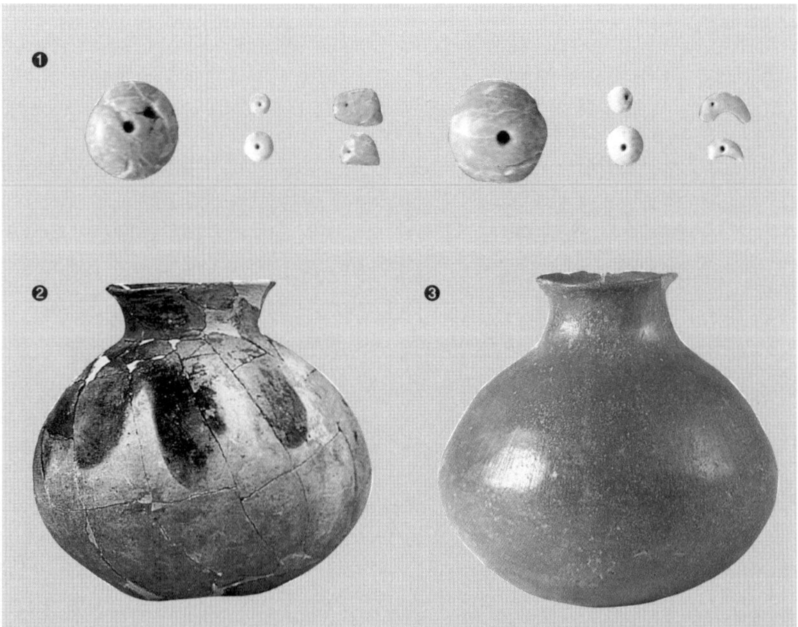

❶ 전남 여수 평여동 고인돌에서 출토된 옥 ❷ 가지문토기 ❸ 붉은간토기

형태로 본 고인돌

바둑판 모양의 바둑판식 고인돌

바둑판식(기반식) 고인돌은 판돌을 세우거나 깬돌, 자연석으로 쌓은 무덤방을 지하에 만든 뒤 그 주위에 받침돌을 4개에서 8개 정도 놓고 그 위에 커다란 덮개돌을 올려놓아 마치 바둑판 같은 형태이다. 외형이 지표면에 드러나 있어 웅장하게 보인다. 덮개돌이 거대하고 괴석상을 한 큰 형태들은 호남과 영남지방에서만 보이고 뚜렷한 무덤방이 없는 것이 많다. 북한에서는 아직 나타나지 않는 형식이어서 남방식 고인돌이라고도 한다.

경남 창녕 유리 고인돌

지하에 무덤방이 있는 뚜껑식 고인돌

뚜껑식(개석식) 고인돌은 지하에 만든 무덤방 위에 바로 덮개돌을 올린 형태이다. 받침돌 없이 무덤방 위에 덮개돌을 덮은 모양에서 무지석식, 뚜껑식, 대석개묘 등으로 불린다. 이 형식에서는 대개 돌로 만든 무덤방이 확인되고 있어 무덤을 만든 것으로 보인다. 요동반도, 한반도, 일본 규슈 지역에 널리 분포하고 있어 고인돌 형태 가운데 가장 보편적이다. 고인돌에서 출토되는 유물도 대부분 뚜껑식 고인돌에서 출토된다.

전남 보성 죽산리 고인돌(광주박물관 이전 복원)

탁자 모양의 탁자식 고인돌

탁자식 고인돌은 넓은 판석으로 된 무덤방이 지상에 드러난 형태로, 잘 다듬은 판돌 3매 또는 4매로 ㄷ자나 ㅁ자로 짜맞춘 무덤방 위에 납작한 덮개돌을 얹어놓아 마치 탁자나 책상 모양이다. 이는 중국 요령과 북한 지역 등 우리나라 중부지방 이북에서 많이 보이는 형태라 북방식이라고도 한다.

탁자식 고인돌은 남쪽으로 내려갈수록 분포가 드물고, 덮개돌도 바둑판식처럼 두터워지며 받침돌도 1미터 안팎으로 매우 낮아진다. 지금까지 발견된 탁자식 고인돌의 남방한계선은 전남 영암과 강진, 경남 거창과 경북 울진으로 이어진 곳이다.

❶ 황해도 은율군 관산리 고인돌 ❷ 강원도 춘천 천전리 고인돌

돌돌림의 위석식 고인돌

위석식이란 무덤방이 지상에 노출되어 있고 덮개돌 가장자리를 따라 판석 여러 매를 돌려 세운 형태이다. 마치 탁자식처럼 보이지만 평면이 원형이거나 사각형이고, 여러 매의 판석을 사용한 점에서 차이가 있다. 이러한 형태는 주로 제주도에서만 나타나지만 중국 절강성 지역에서도 이와 비슷한 무덤방 구조가 발견된다. 남부지방에서는 위석식의 변형으로 덮개돌 밑에 자연석을 돌린 것도 있다.

제주도 용담동 고인돌

고인돌 생김새

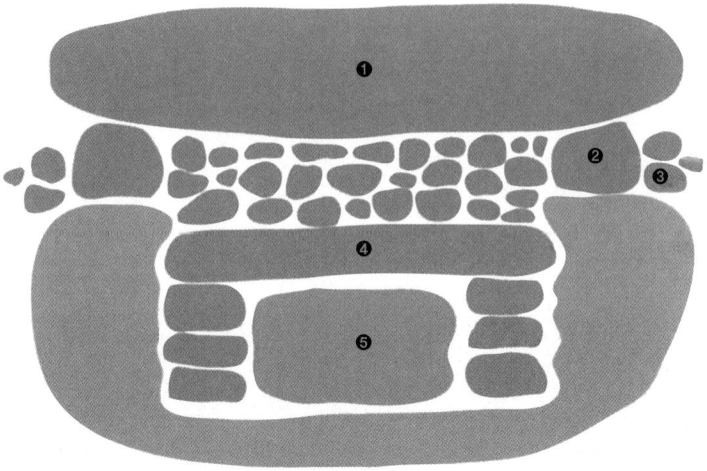

고인돌 명칭

❶ 덮개돌
❷ 받침돌
❸ 묘역시설
❹ 뚜껑돌
❺ 무덤방

덮개돌

고인돌에서 가장 특징적인 부분은 바로 무덤방 위에 올려진 거대한 돌이다. 개석(蓋石), 탱석(撑石), 상석(上石)이라고도 하며 덮개돌의 단면에 따라 괴석형, 장타원형, 장방형, 판석형으로 구분하기도 한다.

받침돌

받침돌은 덮개돌을 받치면서 하부 구조가 무너지는 것을 방지하고 덮개돌을 더 웅장하게 돋보이도록 하는 역할을 한다. 탁자식 고인돌에서는 넓은 판석이 덮개돌을 받치고 있으므로 이때 받침돌은 무덤방을 이룬 판석 자체를 말하며, 바둑판식 고인돌에서는 덮개돌을 받치고 있는 기둥 모양의 돌, 둥근 돌, 각진 돌을 가리킨다.

❷

❸

❹

❺

❶ 판석형 덮개돌(중국 개주 석붕산 고인돌) ❷ 괴석형 덮개돌(전남 곡성 고속도로 휴게소)
❸ 판석형 받침돌(중국 해성 석목성 고인돌) ❹ 주형 받침돌(전남 영광 성산리 평금 고인돌)
❺ 자연석 받침돌(전남 곡성 금반리 밤실 고인돌)

묘역시설

무덤방 주위에 직사각형이나 타원형 또는 원형으로 납작한 돌을 깔거나 작게 깬 돌을 쌓아놓은 곳이다. 무덤의 영역을 정해 가름하여 묘역 역할을 하는 동시에 무덤방을 무거운 덮개돌에서 보호하기 위한 시설이다.

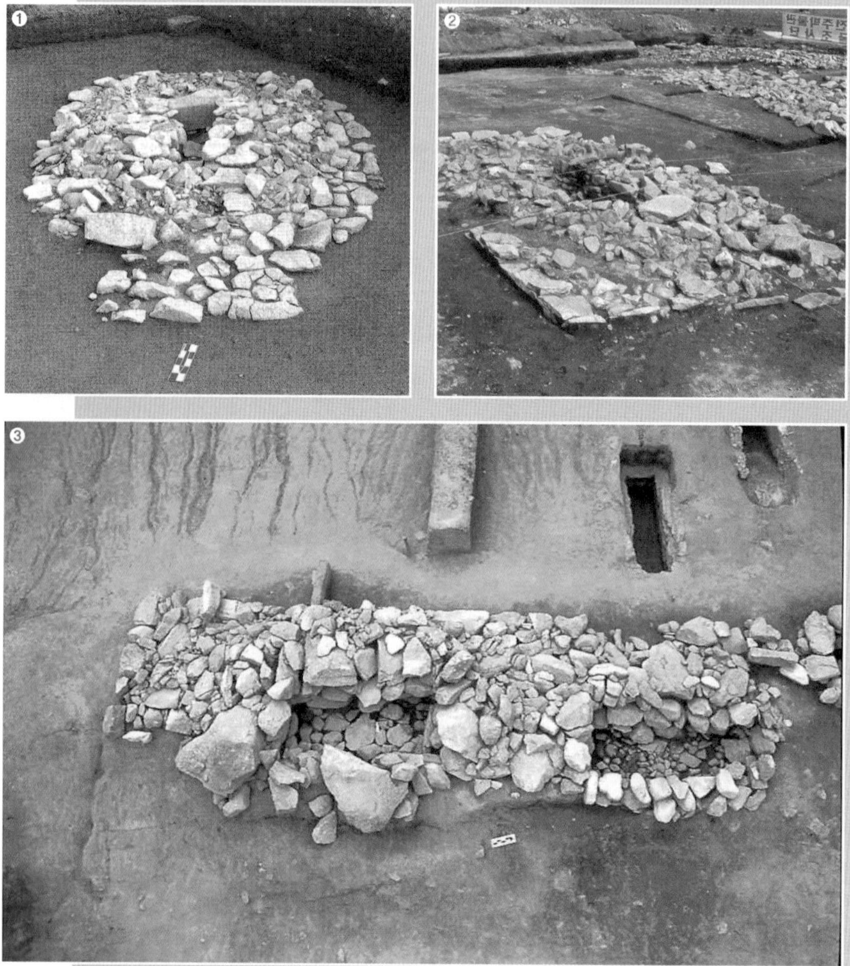

❶ 전북 진안 여의곡 고인돌(원형) ❷ 전북 진안 안자동 고인돌(방형)
❸ 전남 화순 다지리 월정 고인돌

뚜껑돌

뚜껑돌은 직사각형의 무덤방 위를 덮은 시설인데, 현재 확인된 것은 모두 판상석 같은 돌만 남아 있다. 이는 매장 공간을 확보하는 부분도 있지만 무덤방과 시신을 보호하는 역할을 한다. 뚜껑돌은 4~6매의 판석으로 돌을 덮은 것과 1매의 판석으로 덮은 것이 있다. 대부분의 뚜껑돌은 여러 매의 판석을 걸치고 그 공간을 잔돌들로 메워 놓은 형태이다. 지상에 드러난 덮개돌이 없으면 돌널무덤(石棺墓)과 같다.

❶ 전남 영암 엄길리 고인돌 ❷ 전남 보성 죽산리 고인돌 ❸ 경남 진주 어은 1지구 고인돌

무덤방

무덤방은 고인돌 하부구조 가운데 주검을 안치하는 공간이라 가장 정성 들여 만들었을 것이다. 이는 고인돌의 형식을 나눌 때 기본이 된다. 무덤방도 지역에 따라 여러 형태가 있는데, 그 종류로는 돌널형, 돌덧널형, 돌돌림형, 구덩형으로 나뉜다. 널(棺)과 덧널(槨)의 차이는 원래 널은 시신을 안치하는 시설이고, 덧널은 널 외곽에 따로 설치한 시설물을 가리킨다.

❶ 전남 장흥 갈두 고인돌 ❷ 경남 창원 덕천리 고인돌 ❸ 경남 김해 율하 고인돌 ❹ 전남 보성 동촌리 고인돌

고인돌은 어떻게 만들었을까?

덮개돌 채석

거대한 고인돌의 덮개돌은 어떻게 얻었을까? 고인돌 덮개돌로 사용한 석재는 주로 고인돌이 자리 잡은 산기슭이나 중턱의 암반들을 이용했다. 가깝게는 100미터 이내이지만 주변에서 덮개돌을 구할 수 없는 경우에는 5킬로미터 떨어진 곳에서 구하기도 했다.

덮개돌을 얻는 가장 쉬운 방법은 암반에서 떨어져 나온 바위를 그대로 사용하는 것이지만 그렇지 않은 경우에는 암반 사이에 형성된 절리에 쐐기나 지렛대로 바위를 얻었다. 다시 말해, 쐐기의 원리를 이용해 채석 구멍에서 암반을 분리했다. 그 방법에는 세 가지가 있다. 첫 번째는 10~15센티미터 간격으로 쐐기를 박아 계속 망치로 내려치는 방법이고, 두 번째는 쐐기 구멍에 나무를 박은 뒤 물을 부어 나무의 팽창력*으로 떼어내는 방

덮개돌 채석 흔적

* 쐐기로 사용하는 나무는 주로 참나무류(굴참나무, 졸참나무, 느릅나무, 상수리나무)를 사용한다. 이 목재들은 1cm^{3}의 팽윤율(Swelling, 수분이 세포 속으로 들어가는 비율)은 0.4cm^{3}로, 0.3cm^{3}인 소나무나 잣나무에 비해 팽창력이 크기 때문에 쐐기 나무로 사용했던 것으로 생각된다.(국립중앙과학관 2011; pp.110~111)

법이다. 세 번째는 쐐기 구멍에 물을 부어 물이 얼기를 기다리는데, 이때 물이 얼면서 부피가 커지는 현상을 이용하는 방법이다.

이처럼 우리나라 고인돌 채석은 주위에 널린 암석 가운데 덮개돌보다 더 단단한 돌(섬록암이나 현무암)을 사용하거나 나무쐐기나 지렛대로 분리해서 사용했다. 그리고 암반에서의 채석은 채석 구멍을 파고 팽창력이 높은 마른나무(참나무)를 박고 물을 부으면 쐐기 나무가 부풀어 오르는 팽창력을 이용했을 것으로 보인다.

덮개돌 운반

덮개돌을 운반하기 위해서는 밧줄, 통나무, 인력 등 적어도 세 가지 요소를 갖춰야 한다. 밧줄은 덮개돌을 묶거나 끌기 위해, 통나무는 덮개돌을 쉽게 옮기기 위해 필요하다. 밧줄은 덮개돌을 끌거나 균형을 잡기 위한 도구로 선사시대에는 식물의 줄기를 엮어 사용했을 것이다. 거석 운반에서 나무끌개에 연결하는 밧줄은 앞머리 부분 두 줄이 중심적인 역할을 하며, 양 옆의 밧줄은 끌어당기는 역할과 더불어 속도 조절과 방향을 조정하는 역할을 한다.

고인돌 덮개돌을 옮길 때에는 돌의 크기와 형태에 따라 여러 가지 방법을 사용했다. 먼저, 캐낸 덮개돌을 고인돌 축조 장소까지 옮기기 위해 운반할 길을 다져 통나무를 바닥에 레일처럼 깔아놓고 덮개돌과 지면 사이의 마찰력을 최대한 줄였다. 통나무 레일 위에 가로지르는 통나무를 여러 개 놓고 떼어낸 덮개돌을 올려놓은 다음 밧줄로 묶어 끌면서 한편으로는 지렛대를 이용했다.

레일처럼 깐 통나무 위에 굴림목을 놓고 그 위에 나무끌개를 올려놓은 것은 썰매처럼 쉽게 끌 수 있도록 한 것이다. 맨땅에서 굴림목을 굴려 끌고 가는 것보다는 나무와 나무가 서로 접촉하면서 굴러가거나 미끄러져 가는 것이 운반 시간의 단축과 노동력을 줄이는 데 더 효과적이기 때문이다.

이처럼 무거운 거석을 운반하기 위해 통나무 레일과 굴림대, 나무끌개, 나무썰매 등의 운반 도구를 이용한 것은 덮개돌과 지표면 사이의 마찰력을 최소화하기 위한 운반 기술이었다.

고인돌 운반 작업에는 동원된 사람들이 대부분 끄는 작업을 하지만 그 밖에도 무덤방을 만드는 사람, 덮개돌을 운반하기 위해 길을 내는 사람, 덮개돌 밑에 통나무를 괴는 사람, 거석을 이동할 때 지휘하는 사람, 고인돌 운반 작업에 참여한 사람들에게 음식물을 제공하는 사람 등 많은 인원을 동원해야 한다. 이처럼 고인돌 운반과 축조에는 적게는 수십 명, 많게는 수백 수천 명의 인원이 동원되는 거족적인 행사였다.

고인돌 덮개돌을 운반에 필요한 운반 기술은 모두 덮개돌의 무게를 줄이는 방법에서 고안되었다. 운반로를 마련하고 나무끌개를 제작하며 또

고인돌 선사마을에서 덮개돌 운반 과정을 체험하는 모습

통나무를 이용하는 것은 지면과 덮개돌 사이의 마찰력을 줄이기 위한 방법이며, 덮개돌을 위로 들어 올릴 때 통나무에 미치는 하중을 줄여주는 지렛대는 덮개돌을 이동할 때 통나무 위에서 벗어나려 하거나 흔들릴 때 균형을 잡아주는 역할도 했다.

고인돌 축조

고인돌 겉모습의 형태는 다양하지만, 시신이 안치되는 공간인 매장 주체부에 따라 지상에 무덤방이 있는 탁자식 고인돌과 지하에 무덤방이 있는 바둑판식·뚜껑식 고인돌로 나뉜다.

❶ 중국 개주 석붕산 고인돌 ❷ 전북 고창 도산리 고인돌

탁자식 고인돌은 지상에 무덤방이 있어 무덤방을 만드는 데 많은 노력을 기울여야 하며, 지하에 무덤방이 있는 바둑판식은 거대한 덮개돌을 이동하는 데 어려운 점이 많다. 운반된 덮개돌은 지상이나 지하 무덤방 또는 받침돌에 흙을 경사지게 돋우고 그 위로 덮개돌을 끌어 올린 뒤 흙을 제거했으리라 추정한다.

옮겨온 덮개돌을 무덤방 위에 올리는 방법에는 세 가지가 있다. 통나무 활주로를 이용하는 방법과 흙을 경사지게 쌓아 올리는 방법, 임시로 세워 놓은 통나무 위에 덮개돌을 올려놓고 무덤방을 조립하는 방법 등이 있다. 통나무 활주로와 흙을 경사지게 쌓는 방법은 모두 빗면의 원리를 이용한

❶ 전남 영광 복룡리 고인돌 받침돌 ❷ 전남 영광 성산리 평금 고인돌

것으로, 수직으로 똑바로 들어 올릴 때의 힘이 온힘이라면 비스듬한 비탈길의 빗면은 수직으로 올릴 때 힘의 절반이면 충분하다. 이처럼 흙을 경사지게 돋운 흔적은 덮개돌과 받침돌 사이 또는 뚜껑돌 위에 남아 있는 압착된 흙으로 알 수 있다.

탁자식과 바둑판식 고인돌이 수천 년 동안 쓰러지지 않고 무거운 덮개돌의 무게를 견뎌냈던 것은 받침돌과 덮개돌에 균형의 원리가 적용되었음을 알 수 있다. 탁자식에는 무너짐 방지를 위한 토층 기반시설이 확인되었고, 그 밖에 덮개돌의 무게로 기울어지지 않도록 바닥은 넓게 위는 약간 좁게 안쪽으로 기울어지게 한 벽석, 덮개돌 아랫면의 형태에 따라 벽석 윗부분을 조정하거나 쐐기로 보강한 흔적, 또한 벽석 기초에 돌을 메워 보강한 흔적이 확인되었다.

바둑판식 경우에는 덮개돌 밑면의 수평을 이루기 위해 받침돌 높이를 수정하거나 괴석형 고인돌의 밑면이 볼록할 때 받침돌이 밀려나는 것을 방지하기 위해 받침돌을 좀 더 안쪽으로 배치한 점은 덮개돌과 받침돌의 균형을 유지하기 위함임을 알 수 있다.

고인돌 축조에 동원된 사람들

고인돌 덮개돌의 무게를 정확하게 측정하기는 어렵다. 과학적으로 무게를 측정하는 방법으로 덮개돌의 부피, 긴 축과 짧은 축 그리고 두께(높이)를 곱하여 얻은 수치와 암석의 밀도를 대입해서 추정한다. 돌의 밀도는 암석에 따라 모두 다른데 우리나라에 가장 많이 분포하는 화강암과 편마암은 $1cm^2$에 $2.6\sim2.7g/cm^2$이고, 화순과 고창의 고인돌 암질인 응회암은 돌의 밀도가 $1cm^2$에 $2.4\sim2.6g/cm^2$이다. 그러나 이러한 비중치를 고인돌에 그대로 적용하기는 어렵다. 왜냐하면 고인돌 형태는 대부분 직사각형과 타원형이며, 일부는 깨어져 나갔거나 떨어져 나간 부분도 있기 때문이다. 또 암석 사이에 빈틈이 많기 때문에 실제 밀도보다 훨씬 무게가 적게 나간다.

고인돌 덮개돌을 옮기는 데 얼마나 많은 사람들이 동원되었는지는 돌을 옮긴 거리나 무게에 따라 차이는 있으나 외국학자들의 실험고고학으로 어느 정도 추정할 수 있다. 우리나라 화강암의 무게는 1m³에 2.3~2.8톤으로 2.5톤 내외이다. 하지만 고인돌의 크기와 실제 무게는 돌의 재질과 형태에 따라 조금 차이가 있는데, 1m³에 1.5에서 2.2톤까지이다. 중장비로 측정한 고인돌의 무게와 부피를 계산한 통계치에 따르면 고인돌을 옮길 당시의 실제 무게는 대개 1.5~1.8톤으로 추산할 수 있다. 1톤의 돌을 1.6킬로미터 옮기는 데 16~20명이 필요하며, 32톤의 큰 돌을 둥근 통나무와 밧줄로 옮기는 데에는 2백 명이 필요하다는 연구 결과가 있다.

우리나라는 전라남도 진도에서 이에 관한 실험을 했는데, 덮개돌과 이동하는 길이 마련된 상태에서 6.8톤의 덮개돌을 60명이 끌었고, 통나무를 옮겨 깔거나 운반을 지휘하는 사람을 포함해 모두 73명이 동원되었다고 한다. 또 전라북도 고창에서는 85명이 9.8톤을 4시간 동안 70미터를 끌었다고 한다.

이러한 실험에서 한 사람이 120~160킬로그램을 끌 수 있으며, 그 밖의 일로 동원된 사람을 포함하면 그 수가 더 늘어난다. 다시 말해 무덤방을 만드는 사람, 덮개돌을 운반하기 위해 길을 내는 사람, 덮개돌 밑에 통나무를 괴는 사람, 이동할 때 지휘하는 사람, 운반에 따른 음식물을 제공하는 사람 등 고인돌 하나를 축조하려면 이렇듯 많은 인원이 움직여야 한다.

이처럼 고인돌의 운반과 축조에는 많은 사람이 동원되는데 적게는 50여 명에서 많게는 200~300명이다. 당시 한 가구당 5인 가족이라 하고, 고인돌 축조에 동원된 사람이 한 가구당 1~2명이라 한다면 1000명에서 1500명의 인구수를 가진 집단이어야 가능하다. 고인돌 축조는 당시 사회에서는 거족적(擧族的)인 행사였을 것이다. 거대한 고인돌을 축조하려면 한 혈연 집단뿐 아니라 이웃 혈연이나 부족 집단의 인력까지 동원해야 가능하기 때문이다.

또한 인력을 동원할 수 있는 사회적 협력체계나 강력한 지배력이 있어야 가능하다. 더불어 노동력을 얻는 대가로 향연을 베풀 수 있는 잉여 생산물도 있어야 한다. 고인돌 주변에 토기 조각들이 많이 발견되는데, 이로써 고인돌 축조에 동원된 사람들을 위해 축조 후에 제사의식과 잔치를 벌였으리라고 상상할 수 있다.

덮개돌 운반 체험

3 한반도 고인돌 사회의 사람들

고인돌 사회 사람들은 어떻게 생활했을까? 역사가 기록되기 이전의 선사 시대 사람들의 생활은 유적과 유물을 연구하는 고고학자들이 밝혀내고 있다. 고고학이란 옛사람들의 흔적이 남아 있는 유적과 유물을 연구하여 과거 문화를 복원하는 학문으로 인공유물, 자연유물, 남아 있는 건축물, 그리고 과거 사람들의 생활양식이 담겨 있는 모든 물질적 자료를 관찰한다. 다시 말해, 과거 사람들이 남겨놓은 물질적 자료를 가지고 당시 사람들의 삶을 연구하는 학문이다. 따라서 고인돌을 만들었던 사람들의 생활과 문화는 고고학적으로 발굴된 당시의 유적과 유물의 연구로 추정한다.

고인돌을 만들었던 시대는 지금부터 약 3000년 전으로, 이를 청동기시대라고도 하며 약 1000년 동안 이어졌다. 인류 최초의 금속기인 청동기로 무기와 도구를 만들어 사용했으며, 다양한 도구를 실제 생활에서 사용하며 마을을 이루고 살았음을 알 수 있다.

자, 지금부터 고인돌을 만들었던 청동기시대 사람들을 만나보자.

대규모 마을에서 공동체 생활을 하다

고인돌 사회는 주로 구릉과 충적평지를 중심으로 대규모 마을을 형성하고 정착생활을 했다. 전기에는 평면이 장방형(직사각형)으로 비교적 규모가 큰 집을 짓고 살았으며, 중기 이후에는 평면이 방형(정사각형)이거나 원형으로 규모가 작은 집을 짓고 살았다.

청동기시대의 마을이란 사람들이 사는 주거공간인 집뿐만 아니라 무덤이나 농사를 짓는 경작지, 제사를 지내는 의례행위 장소 등 복합적인 기능

❶ 전북 고창 고인돌 선사마을 ❷ 전남 영광 마전 원형 움집터
❸ 경남 진주 대평 상촌 장방형 움집터

을 하는 곳이었다. 마을을 에둘러 감싸는 울타리와 환호를 설치했고, 오늘날과 비슷한 논과 밭을 비롯해 곡식창고를 세우는 등 마을의 규모가 차츰 확대, 발전되었다.

마을 안의 주거지와 무덤은 서로 다른 공간에 두었고, 가까이 있더라도 도랑 등으로 구별했다. 논은 물을 얻기 쉬운 곳에 있었으며, 농경이 발달함에 따라 축적된 잉여 생산물을 일정한 공간에 저장하기 위해 구덩이를 만들기도 했다. 또한 여러 사람들이 모일 수 있는 광장 같은 공간도 마련되었다.

❶ 장방형 움집 개념도 ❷ 청동기시대 움집 복원(화순고인돌 선사마을)

안정된 식생활을 위해 농사를 짓다

고인돌시대 사람들은 안정적으로 먹을 것을 얻기 위해 농사를 지었으나 여전히 먹을 것이 부족해 수렵과 어로, 채집에 의존할 수밖에 없었다. 신석기시대 이후에는 밭농사가 중심이었으나 청동기시대에 들어와 고랑과 이랑이라는 새로운 발명품을 만들어 보리, 밀, 기장, 수수와 콩 등의 작물을 재배하기도 하고 지형적인 조건을 그대로 이용해 논농사를 짓기도 했다.

농사를 지어서 얻은 수확물에는 쌀, 밀, 보리, 기장, 조, 콩, 들깨 등이 있으며 고고학적으로 밝혀진 경상남도 진주시 대평리 유적은 반원형으로 굽이쳐 흐르는 남강의 자연 제방에 주거 구역이 자리하고 있고, 그 뒤쪽 비탈에 대규모 밭이 형성되어 있다.

청동기시대의 논 유적인 울산광역시 무거동과 충청남도 논산시 마전리 유적은 자연적인 지형을 그대로 이용한 3미터 내외의 네모 모양으로 지금의 논과 비교하면 면적이 매우 작다. 논바닥·논둑·수로 형태 등이 확인되었으며, 논과 논 사이에 물이 지나가는 물길의 흔적도 발견되었다. 논농사를 본격적으로 시작한 고인돌 사람들은 물을 대기 쉽고 비옥한 저습지를 활용해 벼를 재배했던 것이다.

사냥과 고기잡이로 먹을 것을 보충하다

고인돌 사람들은 대부분 농사를 지어 생계를 유지했기 때문에 사냥이 그다지 필요하지 않았을 것으로 보이지만 실제로 논농사와 밭농사로 얻은 곡물의 양은 충분하지 않았다. 농사로 얻은 곡물의 양이 많으면 저장해두었다가 다음해 수확할 때까지 먹을 수 있었지만, 이는 어디까지나 희망이

❶~❷ 탄화미 ❸ 울산 무거동 옥현 청동기시대 논 유적 ❹ 반구대 암각화:고기잡이와 사냥 모습

었고 실제로는 농사로 얻은 곡물과 채집, 사냥, 고기잡이 등으로 먹을 것을 해결했다.

사냥은 식량과 가죽을 얻기 위한 선사시대 사람들의 중요한 생업활동으로 구석기시대 이후 계속되어 왔다. 구석기시대에는 속도가 느린 큰 동물이 주 사냥감이었지만 신석기시대에는 날쌘 작은 동물로 바뀌어 구석기시대 사람들이 사냥감을 직접 찌르던 창보다는 돌화살촉이 더 보편적으로 사용되었다. 창이 가까운 거리에서 사냥하는 수렵도구라면 활과 화살은 먼 거리용 수렵도구라 할 수 있다. 따라서 많은 유적에서 발견되는 돌화살촉의 등장은 굶주림이라는 위기를 극복할 수 있는 새로운 발명품이었다.

고인돌 사람들이 가장 많이 잡은 사냥감은 무엇일까? 고고학적 유적에서 출토된 동물 뼈를 보면 사슴, 노루, 멧돼지, 돼지, 산토끼 등과 텃새, 철새 등의 조류이다. 이 가운데 사슴과 멧돼지의 뼈 수량이 많은 것으로 보아 신석기시대 이후 청동기시대 사람들이 가장 즐겨먹던 육류임을 알 수 있다. 이 두 동물은 비교적 몸집이 크고 간편한 방법으로 사냥할 수 있어 매우 바람직한 단백질 공급원이었다.

본격적으로 농사를 지었던 청동기시대의 고기잡이는 경작지에서 가까운 크고 작은 하천을 어장으로 삼아 고기잡이를 했던 것으로 보인다. 고기잡이 방식에는 낚시와 그물 두 가지가 있다. 낚시 도구는 신석기시대의 것은 많이 발견되지만 청동기시대의 것은 거의 발견되지 않는다. 하지만 전남 영암의 청동기시대 유적 거푸집에서 낚싯바늘이 출토된 것으로 볼 때 일상생활에서 낚싯바늘을 계속 사용했음을 의미한다. 또한 집 안에서 그물추가 무더기로 발견된 것으로 보아 그물로 고기잡이하는 것이 성행했음을 알 수 있다.

최초의 금속기인 청동기를 제작하다

인류가 자연에서 캐내어 이용한 최초의 금속은 구리와 주석이었다. 구리와 주석의 합금이 청동이며, 이 청동으로 만든 도구를 생활의 이기(利器)로 사용한 시대가 바로 청동기시대이다. 청동은 열을 가해 녹여서 자유자재로 형태와 크기로 제품을 만들 수 있으며, 다시 녹여 쓸 수 있어 재활용이 가능하다.

그러나 청동기를 제작한다는 것은 그리 간단하지 않다. 채광, 정련, 거푸집의 제작, 합금, 고온에서 녹이기, 마감 처리, 보수(補修) 등의 복잡하

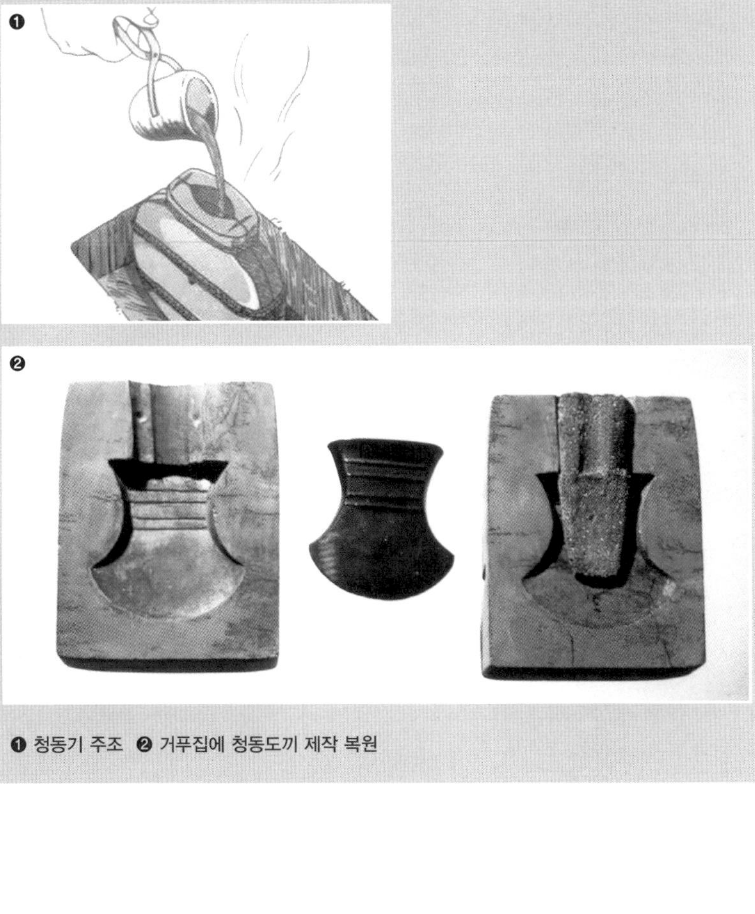

❶ 청동기 주조 ❷ 거푸집에 청동도끼 제작 복원

고도 전문적인 공정을 거쳐야 하는 등 분업적인 전문기술이 필요한 분야이다. 이 가운데 제품의 형상을 본뜬 거푸집에 청동을 부어 제품을 만들어 내는 주조기술이 가장 힘들고 중요한 부분이다.

청동기의 제작에 필요한 원료는 구리와 주석이 기본이며 납과 아연, 비소가 합금 재료로 사용된다. 이때 합금은 각 광석을 따로 정련한 뒤 적절한 비율로 섞어 사용한다. 합금 비율에 따라 제작된 청동기의 성질이 달라지며, 대체로 주석이 19퍼센트일 때 견고성이 가장 높고 그 이상이면 깨지기 쉽다. 우리나라 청동기의 성분 분석 결과, 동검의 경우에는 구리의 양이 많고, 거울과 같은 의기류에는 빛의 반사량을 높이기 위해 주석이 많이 들어 있는데 이러한 양상은 당시 사람들이 합금 기술의 원리를 올바르게 파악하고 있었음을 보여준다.

성분 / 청동기	구리(Cu)	주석(Sn)	납(Pb)	아연(Zu)	비고
한국식동검	79.2	13.4		6.8	
정문경	65.76	28.57	5.43	0.05	화순 대곡리

(단위 : %)

우리나라에서 발견된 청동기

우리나라에서 발견된 청동기 가운데 비파형동검, 청동도끼, 청동단추, 다뉴조문경 등은 청동기시대 초기에 만들어졌으나 후기에는 본격적으로 세형동검, 동모(銅矛), 동과(銅戈), 다뉴정문경, 방울, 동물형대구 등이 제작되었다. 이후 철기가 등장하면서 철기와 공존하다가 점차 그 종류와 수가 줄어들면서 마침내 철기로 대체되었다.

청동기는 재료를 구하기가 어려워 사용 용도에서 농공구 등 생활용구는 비교적 적고, 무기나 의기 등에서 주로 사용했다. 청동기의 종류는 농공구, 무기, 의기 등으로 나눌 수 있다.

농공구에는 농사를 지을 때 사용하는 도구를 만들거나 직접 도구로 사용한 청동도끼, 손칼, 끌, 찌르개(첨두기尖頭器) 등이 있다.

무기류에는 비파형동검, 세형동검, 동과, 동모, 청동화살촉 등이 있다.

제사의식과 같은 의례를 행할 때 사용했으리라 생각되는 의기(儀器)에는 다뉴경, 방울, 방패형동기, 검파형동기, 농경문 청동기 등이 있다. 이 가운데 농경문 청동기는 밭을 갈고 있는 모습이 새겨져 있어 당시의 사회상을 알 수 있는 중요한 자료이다.

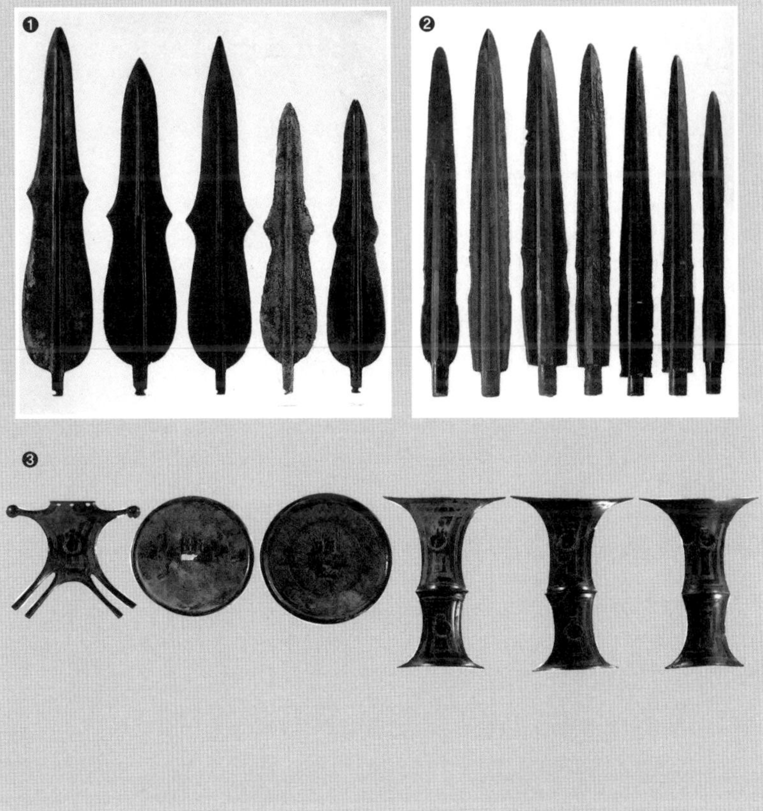

❶ 비파형동검 ❷ 세형동검 ❸ 청동의기류

돌을 깨트리고 갈아서 석기를 제작하다

고인돌시대에는 구리와 주석, 납과 같은 새로운 재료로 도구를 만드는 금속문화를 도입한 시기이지만 실생활에서는 대부분 석기를 제작하여 사용했다. 청동기는 제작이 어렵고 재료가 귀하며, 기술적인 문제 등으로 지배자의 꾸미개 또는 의기로 만든 반면, 일상도구는 여전히 석기 또는 목기를 주로 사용했다. 하지만 신석기시대에 비해 목적에 맞게 크기와 형태가 세분화되었고, 전문 장인의 등장으로 돌 도구는 더욱 정교해졌고 다양해졌다.

석기 제작은 먼저 적당한 크기로 석재를 쪼갠 뒤 형태를 만드는데 처음부터 돌을 갈면 시간이 많이 걸리므로 1차 조정을 거친 뒤에 마지막으로 숫돌[砥石]로 정교하게 갈고 다듬는다. 이때 숫돌은 마제석기의 형태를 잡거나 도구의 날을 세울 때 중요한 역할을 한다. 석기는 화강암·점판암·유문암·응회암·안산암·혈암 등의 재료를 매우 다양하게 사용했으며 장신구에는 천하석과 벽옥이 주로 사용되었다. 석기는 원석에서 떼기(직접 떼기, 간접 떼기)–갈기(磨研)–쪼개기–쪼기–자르기–구멍 뚫기–마무리의 제작 과정을 거쳐 완성된다.

간석기 제작

고인돌시대인 청동기시대에는 실생활에서 매우 유용하게 사용하는 돌로 만든 도구의 종류도 많아지고 제작 기술이 크게 발달하여 대량으로 만들어졌다.

농업 생산력을 높이기 위한 목제 도구가 발달함에 따라 이 시대의 석제 도구는 목제를 가공하는 데 쓰이는 공구였다. 목제를 만들 때 각종 도끼·끌·대패·자귀 등의 석기가 사용되었으며 오늘날 보이는 목공구의 형태가 이 시기부터 나타나기 시작했다. 목제 도구의 제작 과정은 크게 벌채, 건조, 절단, 정형(1차, 2차)으로 나누어진다. 벌채는 주로 양쪽 날을 가진 돌도끼를 사용하며 자귀로 일정한 형태를 다듬고 돌끌과 돌대패로 정교하게 형태를 다듬었을 것이다.

농사에 필요한 도구는 땅을 파는 도구와 수확하는 도구로 나누어지며, 땅을 파는 도구에는 괭이·가래·호미·삽 등이 있고 수확하는 도구에는 돌칼과 돌낫이 대표적이다.

무기류는 간돌검과 돌화살촉, 돌창이 대표적이며 돌화살촉과 돌창은 수렵 도구로 사용되기도 했다.

가락바퀴는 실을 뽑을 때 사용하는 방적구의 일종이다. 가락바퀴 가운데에는 막대를 꽂을 수 있게 구멍이 뚫려 있는데 이 둥근 구멍에 가락바퀴의 축으로 막대를 끼우고 축을 회전시킨다. 이때 회전력을 이용하여 서서히 실을 뽑는다.

음식 재료를 가공하는 조리 도구는 갈돌과 갈판, 돌공이가 대표적이다. 함께 사용하는 갈돌과 갈판은 나무열매나 곡물의 껍질을 벗기고 가루를 만드는 데 쓰이며, 원시 제분기구이다.

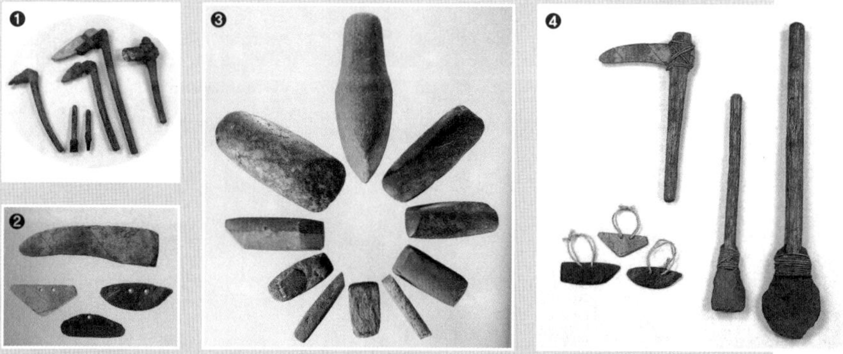

❶ 돌도끼 등 목가공구류 ❷ 돌칼과 돌낫 등 농기구류 ❸ 다양한 돌도구들
❹ 다양한 돌도구 복원

맞춤형 토기를 제작하다

그릇은 음식문화에서 떼려야 뗄 수 없는 매우 유용한 기구이다. 물론 나무로 만든 그릇도 많이 사용되었으나 쇠로 만든 그릇이 일반화되기 전에는 흙으로 빚어 불에 구워 만든 토기가 가장 널리 이용되었다. 토기에 음식물을 익혀 먹음으로써 소화흡수가 잘되고 각종 질병을 예방하여 수명이 길어졌다.

고인돌시대에 만들어 썼던 토기에는 문양이 없어 민무늬토기라 한다. 이 토기는 굵은 모래나 곱돌가루를 섞은 진흙으로 빚어 한데가마(露天窯)에서 구운 납작토기로 대개 적갈색이나 황갈색을 띤다. 토기 제작은 바탕흙 선택, 반죽하기, 형태 만들기, 문양 새기기, 말리기, 굽기 등의 과정을 거친다.

산이나 들에서 주워 모은 나무열매나 농사를 지어 생산한 곡식을 저장하기 위한 저장용 항아리, 음식물을 요리하기 위한 그릇, 조리한 음식을 먹기 위한 식기용 그릇, 그리고 무덤에 부장하기 위한 토기 등 쓰임새에 따라 다양한 그릇이 제작되었다.

저장용 토기

밭과 논에서 거둬들인 곡식은 일상용으로 먹기 위해 저장해야 하고 이듬해 농사를 위해 특별히 종자도 보관해야 한다. 거둬들인 곡물에 따라 저장용 토기의 형태가 변형 · 발전했으며, 동물의 침입을 막거나 썩지 않도록 잘 보관할 수 있게 창고와 같은 저장시설도 고안되었다. 나아가 안전하게 저장할 수 있는 천연의 저장시설인 지하식 구덩이도 만들게 되었다.

조리용 토기

음식을 조리하기 위한 그릇은 높이 20센티미터 내외의 작은 항아리가 사용되었다. 토기 바깥 면을 자세히 살펴보면 주위에 불에 탄 흔적들이 보이는데, 이는 화덕에 토기를 안정적으로 놓은 뒤 불을 피워 음식을 조리했으리라 추정하고 있다.

식기용 토기

밭에서 재배하는 잡곡, 논에서 재배하는 쌀, 동물 사냥, 나무열매 채집 등으로 미루어 이 시대 사람들의 생활은 곡류, 어패류, 푸성귀, 육류, 온갖

❶ 식기용 토기 ❷ 저장용 토기 ❸ 조리용 토기 재현 ❹ 부장용 토기

과일 등 현재의 일반적인 먹을거리와 비교해 크게 다르지 않다. 이처럼 식량 공급이 안정되자 요리한 음식을 먹기 위해 식사용 소형 그릇을 제작하고 사용했다. 그릇의 크기는 5~11센티미터 정도이고, 대접 · 접시 · 보시기 등 용도에 따른 형태의 분화를 볼 수 있다.

부장용 토기

부장(副葬)용 토기는 일상생활에서 사용한 것과는 다르게 바닥이 둥근 단지형이나 높은 굽이 달린 소형의 토기이며, 겉면에 채색된 것이 많다. 단지형에는 붉은간토기와 가지문토기가 대표적이다. 붉은간토기는 토기 표면이 붉은색을 띠며 목이 있고 바닥이 둥근 형태이다. 이 토기는 적색마연토기, 홍도, 단도마연토기라고도 한다. 가지문토기는 붉은간토기와 형태는 같지만 회백색의 토기 어깨 부분에 나뭇잎 모양을 흑색으로 채색한 토기이다.

마을의 안녕과 평화를 위해 하늘에 제사를 지내다

선사시대 사람들은 주변 자연환경과 기후변화에 따라 삶과 죽음이 좌우되었기 때문에 주변 환경의 변화에도 오래도록 변하지 않고 남아 있는 거석에 대한 숭배가 자연발생적으로 생겨났다. 다시 말해, 모든 사물에 신령(神靈)이 깃들어 있다고 생각하여 풍요와 안녕을 기원했던 것이다.

고인돌시대의 제사 흔적은 고인돌, 선돌, 바위그림, 환호(環濠) 유적, 농경의례, 물과 관련한 수변제사(水邊祭祀), 매납(埋納, 특별한 목적으로 청동기나 특정한 석기 등을 유물로 묻는 것) 유적, 유물 폐기물 등 여러 유적의 형태에서 확인되고 있다. 그 가운데 바위에 새겨진 그림과 여러 가지 문양을 가리켜 암각화(岩刻畵)라고도 하는데 사람, 동물, 배 등을 사실적으로 표현한 것과 기하학적 문양, 신상(神像), 동심원(同心圓, 중심이 같고 반지름이 다른 두 개 이상의 원으로 이루어진 것) 등을 표현한 것으로 나눌 수 있다.

바위그림 가운데 사실적으로 표현한 동물을 사냥하는 모습, 그리고 그물과 배 등으로 표현한 고기잡이 모습은 수렵과 채집사회에서 사냥이나 고기잡이의 성공을 주술적으로 기원하는 의례행위였다. 또한 기하학적 문양과 추상적이고 도식적인 신상은 농경사회에서 농작물의 풍요를 기원하는 의례의 대상물로 보인다.

여수시 오림동 고인돌 덮개돌의 한쪽 면 가운데의 간돌검과 그 왼쪽으

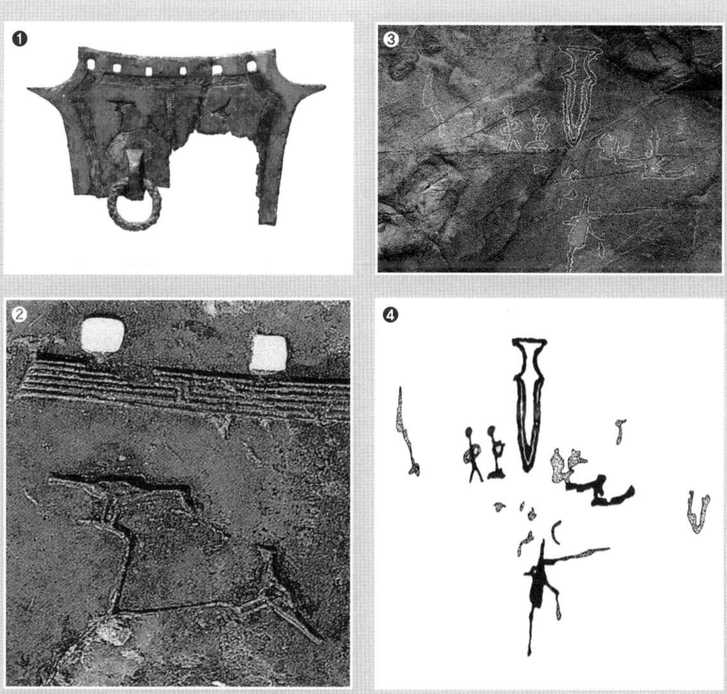

❶ 농경문 청동기 ❷ 농경문 청동기 세부 사진
❸ 전남 여수 오림동 암각화 ❹ 암각화 세부 그림

로 간돌검에 기원하는 듯한 두 사람의 형상이 새겨져 있다. 간돌검 바로 옆의 인물상은 무릎을 꿇고 두 손을 머리 위로 올려 간돌검을 향해 무엇인가를 바치거나 기원하는 모습이다.

이처럼 고인돌시대 사람들은 사람과 동물의 다산과 번식, 농경의 풍요, 사회의 안정과 평화를 위해 하늘에 기원하는 제사의식을 중요하게 여겼다. 다시 말해, 자연 사물에 깃들어 있다고 믿는 신에 대한 숭배와 제사의식을 통해 초자연적인 힘을 극복하고자 했다.

4 세계유산에 등재된 화순 고인돌 유적

고인돌은 거대한 바위를 이용해 무덤을 축조하고 다양한 장송의식을 거행하는 기념물로, 당시의 기술과 사회 현상을 가장 잘 파악할 수 있는 인류의 문화유산이라 할 수 있다. 그중에서도 고창·화순·강화의 고인돌 유적은 희귀성과 역사성 그리고 특수성의 측면에서 '아주 독특하거나 지극히 희귀하거나 오래된 유산'으로 평가받아 2000년 12월 유네스코(UNESCO)에서 세계유산으로 등재하여 탁월한 세계적 가치를 지닌 문화유산으로 공인했다.

특히 화순 고인돌 유적은 최근에 발견되어 보존 상태가 매우 양호하며, 당시의 경관과 환경이 그대로 살아 있는 자연 속의 고인돌 유적으로 평가받고 있다. 화순 고인돌은 남쪽 산기슭을 따라 도곡면 효산리와 춘양면 대신리를 잇는 보검재(일명 보성재, 해발 188.5m) 계곡 일대 해발 45~120미터 사이 약 5킬로미터에 이르는 지역에 분포되어 있다. 특징은 첫째, 좁은 지역 안에 고인돌이 집중 분포하고 있으며, 둘째, 덮개돌의 무게가 100톤 이상 되는 커다란 고인돌 수십 기와 200톤이 넘는 고인돌이 있는 점, 셋째, 주변 자연환경이 원형대로 보존된 점, 넷째 덮개돌을 채석한 채석장이 발견되어 고인돌들의 축조 과정을 살펴볼 수 있다는 점이다.

화순 고인돌 유적 전체 지도

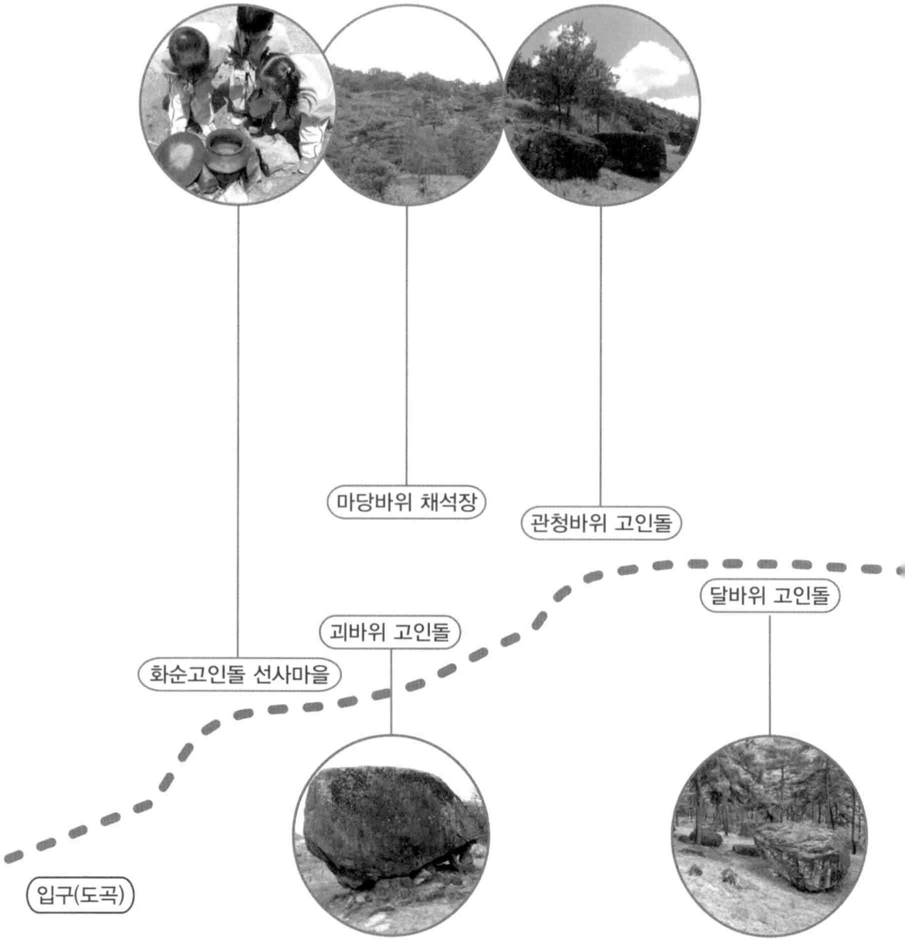

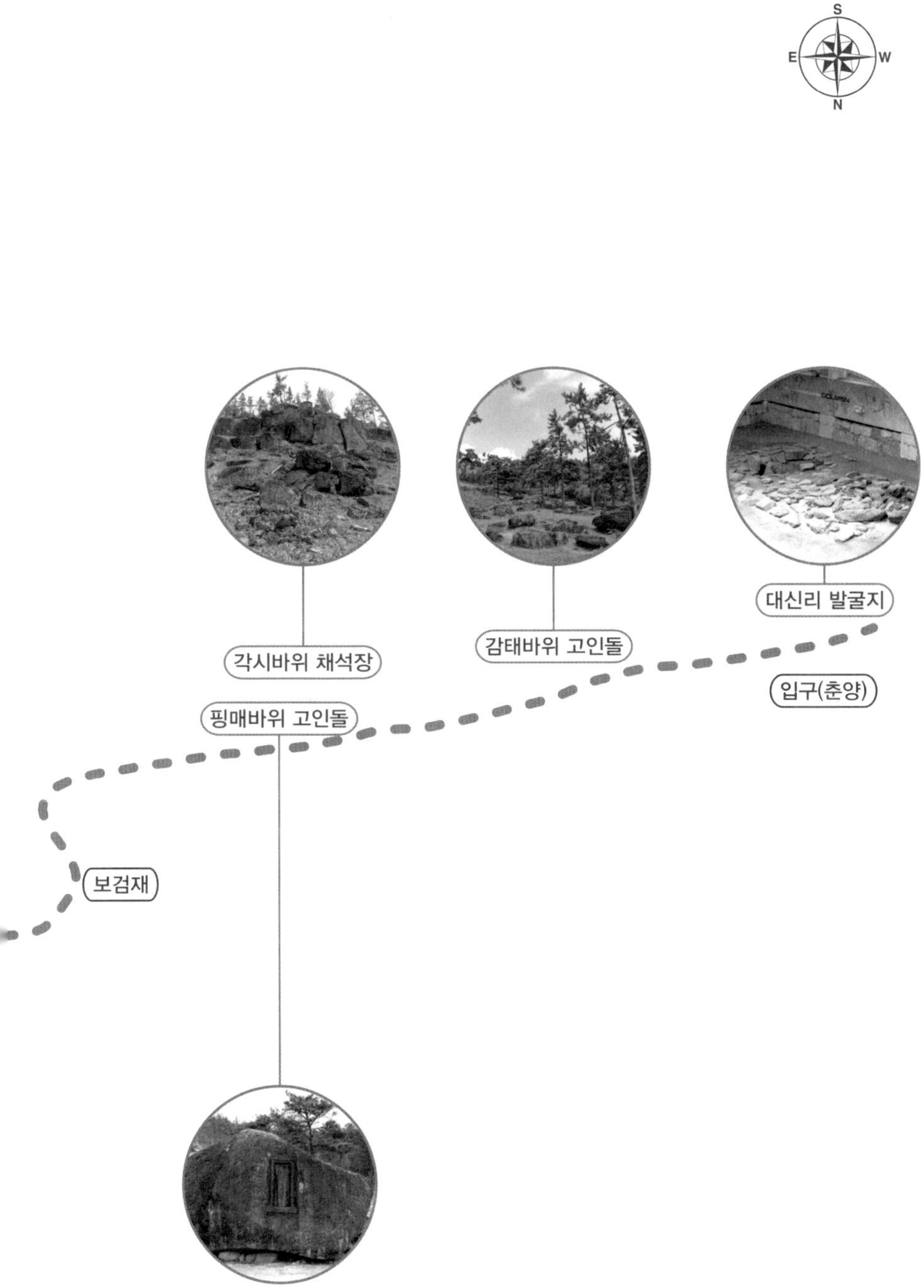
S
E
W
N
각시바위 채석장
감태바위 고인돌
대신리 발굴지
입구(춘양)
핑매바위 고인돌
보검재

고양이 형국인 괴바위 고인돌

모산마을에서 고인돌 유적으로 들어서면 가장 먼저 만나는 고인돌은 괴바위 고인돌이다. 이 고인돌은 원래 10개의 고임돌이 받치고 있는 전형적인 바둑판식 고인돌이며, 풍수지리에서 볼 때 고양이 자리에 위치하여 '고양이 바위'라고도 부른다. 해발 65미터에 위치하고 있어 멀리서도 한눈에 보인다. 길이 530미터, 폭 360미터, 두께 300센티미터인 초대형 덮개돌이다. 이 고인돌은 주변에 있는 고인돌과는 달리 크고 잘 다듬어졌으며, 평지보다 약간 높은 곳에 있는 점으로 보아 무덤이라기보다는 제단적 성격이 강한 고인돌로 해석된다.

2003년 고인돌 축조 과정을 확인하기 위해 발굴 조사를 한 결과, 덮개돌의 무게를 분산하기 위해 토목건축학적 기술을 사용했음을 알 수 있었다. 100톤 이상의 초대형 괴석형 덮개돌의 무게를 지탱하기 위해 아랫면에 모두 10개의 받침돌을 가장자리를 따라 타원형으로 두르고 중앙에는 가장 넓은 받침돌을 배치했음을 알 수 있다. 또한 괴석형 덮개돌의 균형을 맞추기 위해 덮개돌 아랫면을 다듬고 받침돌의 높낮이를 조절하여 수평을 맞추려고 노력했다.

그리고 무덤을 보호하고 구역을 표시하기 위한 묘역시설도 확인되었는데 받침돌 주변에 납작한 돌을 평평하게 깔아 타원형으로 둘러가며 배치했음을 알 수 있었다. 발굴 조사에서 출토된 유물은 청동기시대 민무늬토기 조각과 돌화살촉이다.

괴바위의 괴는 '괭이, 고양이'를 뜻한다고 하지만, '돌을 괴다'의 괸바위에서 'ㄴ'이 탈락하여 괴바위가 된 것으로도 볼 수 있다. 그 밖에도 괴바위 고인돌 주변에는 크기가 작은 고인돌이 밀집 분포되어 있으며, 괴바위 고인돌 위 산등성이에는 절벽 모양의 마당바위 채석장이 있다.

❶~❸ 고양이가 웅크리고 있는 모양의 괴바위 고인돌
❹ 봄맞이꽃. 고인돌 답사에서 계절에 따라 들판에 피는 예쁜 꽃들을 보는 것도 또 다른 즐거움이다.
❺ 괴바위 고인돌 위 산등성이의 마당바위 채석장

괴바위 전설

괴바위에는 쥐의 형국을 띤 주변과 관련한 풍수지리적인 의미를 담고 있는 이야기가 전해져 온다. 괴바위는 지형적으로 고양이 자리에 있어 붙인 이름이며, 괴바위 앞 100미터 남쪽 성곡마을 뒷산, 다시 말해 금성산 불무지 등에 있는 풍산 홍씨 선산이 쥐 형국(쥐 무덤)이라 한다. 고양이는 쥐와 상극인데 다행히 그 앞에 계곡 물이 흘러 괴바위인 고양이가 쥐에게 달려들지 못한다고 한다.

그래서 마을의 평화가 오고 쥐 형국의 묏자리는 명당이라는 명성을 얻게 되었다.

풍수지리설이란

풍수지리설은 도성(都城)을 쌓거나 절(寺)과 집을 지을 때와 묘(墓)를 쓸 때에 재화(災禍)를 물리치고 복을 가져오는 땅의 형상을 판단하는 이론이다. 땅 속에 흐르는 정기(正氣)가 물에 방해받거나 바람에 흩어지지 않는 장소를 산천의 형세에 따라 선택하여 집을 짓거나 조상의 묘를 쓰면 자손은 그 정기를 받아 부귀복수(富貴福壽)를 누리게 된다고 믿었다.

삼국시대에 도입된 풍수사상은 통일신라 말기 도선국사(道詵國師)가 풍수지리의 이론적 토대를 마련했으며, 고려시대에 전성기를 이루어 왕실과 민간에 널리 보급되었다. 특히 조선 태조 이성계(李成桂)는 한양으로 도읍을 정할 때 풍수지리설을 따랐다고 한다. 지금도 민간에서는 풍수설을 좇아 좌청룡(左靑龍) 우백호(右白虎)을 따지는가 하면, 묘를 잘 써야 자손이 복을 받는다고 믿어 관심을 가지는 사람이 많다.

줄지어 있는 관청바위 고인돌

관청바위 고인돌군은 길 옆 저수지에서 200미터 북쪽 건지산 중턱에 50여 기가 분포하고 있다. 이 고인돌군은 해발 65~75미터에 기반식 고인돌이 밀집 분포하고 있어 효산리 고인돌군을 대표한다.

관청바위 고인돌군 가운데 가장 위쪽에 배치되어 있는 초대형 고인돌(F-52호)은 길이 530센티미터, 폭 440센티미터, 두께 360센티미터로 무게가 100톤이 넘는 거대한 고인돌이다. 발견 당시에는 수풀 속에 묻혀 있어 고인돌이라고 확신하지 않았으나 2003년 발굴 조사 결과, 윗돌을 받치고 있는 고임돌 외에 남쪽에 돌로 영역을 구분하여 바닥에 깐 돌들이 확인되어 고인돌임을 확신했다. 다만 이 고인돌은 무덤으로 만들어졌다기보다는 해발 67미터에 줄지어 있는 고인돌을 대표하는 묘표석이나 기념물로 만들었으리라 추정한다.

또한 고인돌군 위쪽 산 정상에는 채석장으로 보이는 암벽들이 병풍처럼 둘러쳐져 있으며, 암벽들은 돌 캐기가 쉬운 절리(節理, 암석에 힘이 가해져서 생긴 갈라진 틈)와 층리(層理, 퇴적물이 층을 이루며 쌓여 있는 상태)가 잘 발달된 모습을 볼 수 있다. 이렇듯 돌 캐기와 운반이 쉬운 자연환경은 수많은 고인돌을 만들 수 있는 천혜의 조건이 되었다.

관청바위 전설

관청바위는 저수지 옆 건지산 중턱에 절벽을 이루고 있으며, 그 주변에 많은 암석들이 흩어져 있다. 모두 운주사가 있는 남쪽을 향하고 있어 운주사와 관련된 이야기가 많이 남아 있고, 관청바위 앞에는 절터가 있었는데 빈대가 많아 승려들이 절을 떠났다는 이야기도 전해진다. 관청바위가 있는 곳을 '관청바우등'이라고 부르며, 그곳에서 이어지는 동네 앞은 '백초가등

(옛날에 이곳에 초가집이 100호가 있었다 해서 붙여진 이름으로 옛 마을터를 가리킨다)'이라고 부르기도 한다.

⁑ 어느 날 보성 원님이 나주 목사를 방문하기 위해 보검재를 넘어 이곳을 지나다가 바위에서 잠시 쉬는데, 때마침 이곳의 한 백성이 소장(訴狀)을 올리자 원님이 즉시 처리해 주었다고 한다. 그후 보성 원님이 쉬면서 일일 정사(관청일)을 봤다고 하여 바위 이름이 '관청바위'가 되었다고 한다.

⁑ 통일신라 말기의 도선국사가 운주사에 절을 지어놓고 천불천탑(千佛千塔)을 세우려고 운주사를 중심으로 가까운 지역에 있는 모든 돌들을 캐내

❶ 관청바위 고인돌군 ❷ 줄지은 관청바위 고인돌군

가는데, 그만 닭이 울어 날이 새자 돌들을 다 가져가지 못하고 버려두고 갔다고 한다. 그래서 그 돌들을 주저앉은 돌들이라고 한다. 이 돌들은 '관청바위등'에 흩어져 있는데, 모두가 운주골을 향해 있다고 한다. 관청바위등이란 말은 관청바위와 그 주변에 바위들이 흩어져 있는 지역을 가리킨다.

⁑ 도승이 관청바위와 성곡마을 저수지 위에 있는 국수바위를 술법으로 캐내어 운주사의 천탑을 세우려고 운주골에 가다가 새벽닭이 울어서 그만 돌이 멈췄다고 한다. 그래서 이 돌들이 모두 운주사를 향해 있다고 한다.

❶ 운주사 전경 ❷ 운주사 일주문

달처럼 둥근 달바위 고인돌

달바위 고인돌군은 월곡저수지 윗부분에 40여 기가 흩어져 분포하고 있다. 가장 큰 달바위 고인돌은 한쪽에 치우쳐 있고 작은 고인돌들이 산비탈을 가로질러 늘어서 있다. 산 중턱의 비탈면에 있는 달바위 고인돌은 길이 556센티미터, 폭 396센티미터, 높이 198센티미터이며 고임돌 6개가 받치고 있는 전형적인 바둑판식 고인돌이다. 이렇게 큰 고인돌은 무덤이라기보다는 혈연 집단의 묘역을 상징하는 기념물이며, 작은 것들은 무덤으로 쓰인 경우가 대부분이다.

달바위 이야기

도곡면 효산리에서 춘양면 대신리로 오가는 도로를 따라 남쪽으로 향하는 산자락에 많은 고인돌들과 바위들이 흩어져 있다. 옛날 보성에서 나주로 가기 위해 보검재를 지나다닐 때 산등성이에 있는 고인돌을 보고 보름달처럼 큰 바위라고 한 것에서 유래되었다.

❶ 위에서 바라본 달바위 고인돌 ❷ 아래에서 바라본 달바위 고인돌

보검재

화순 고인돌 유적은 보검재를 중심으로 동쪽은 춘양면 지동마을, 서쪽은 도곡면 모산마을에 걸쳐 분포되어 있다. 따라서 보검재는 춘양면과 도곡면의 경계 역할을 한다.

보검재는 보성과 나주를 연결하는 중요한 육로로, 주로 벌교와 보성 사람들이 1일과 6일에 장이 서는 남평장에 가기 위해 보검재를 많이 이용했으며, 보검재 주변에 주막이 있어 행인들이 쉬어가기도 했다. 따라서 이와 관련한 전설들이 많이 전해진다.

보검재 이야기

이 고갯길은 옛날부터 중요한 교통로로, 나주와 남평에서 능주를 거치지 않고 보성으로 갈 수 있는 지름길이다. 전설에 따르면, 이 고개에는 산적들이 들끓어 지나가는 사람들을 괴롭히자 사람들은 장수가 말을 타고 나타나 보검으로 산적들을 물리쳐 주기를 바라는 마음에서 고개 중턱에 있는 핑매바위 밑에 보검(寶劍)을 숨겨 두었다. 이에 따라 지동마을 사람들은 보검재(寶劍峙)가 맞다고 주장한다.

⁑ 이와 달리 도곡면 모산마을 사람들은 보성 원님이 나주 목사를 만나기 위해 재를 넘다가 이곳 재에서 잠시 쉬었다고 해서 '보성재' 또는 '보성치(寶城峙)'라고 부르기도 한다. 또한 벌교 사람들이 남평장을 가려고 보성재를 넘어 오면 모산마을에 중개인이 있어 그 물건을 받아 남평장에 물건을 내다파는 경우도 있었다고 한다.

현재 행정구역상의 이름은 '보성치'라고 되어 있지만 화순 관광 안내도에는 '보검재'로 소개하고 있다.

불가사의한 핑매바위 고인돌

어떻게 그 고인돌을 세웠는지, 신비로움을 간직한 핑매바위 고인돌은 지동마을에서 보검재로 가는 길 800미터 지점에 있는 초대형 고인돌이다. 길이 7미터, 폭 5미터, 두께 4미터, 무게 200톤이 넘는 이 거대한 덮개돌은 과연 고인돌일까? 그리고 덮개돌 앞면에 '驪興閔氏世葬山'이라는 글자는 무슨 의미일까?

❶

❷

❸

❶ 핑매바위 고인돌 ❷ 핑매바위 받침돌 ❸ 핑매바위 고인돌 전면에 새겨진 '여흥민씨 세장산'

고인돌을 자세히 살펴보면 그 해답을 얻을 수 있다. 고인돌 덮개돌 밑에 고임돌 5개가 받치고 있으며, 덮개돌 아랫면을 다듬은 흔적이 뚜렷하고, 덮개돌 아랫부분에 일정한 공간을 마련한 점으로 보아 고인돌임을 확인할 수 있다. 또한 덮개돌의 돌결을 보아도 알 수 있는데 핑매바위의 돌결은 사선으로 비스듬하고 바로 위 암벽은 돌결이 수평인데, 이는 원래의 위치가 아니라 인위적으로 옮겨 왔음을 보여준다.

핑매바위 고인돌처럼 크고 잘 다듬은 고인돌이 산기슭의 약간 높은 대지에 있는 경우에는 대체로 무덤이라기보다는 제단적인 성격이 강한 것으로 본다. 따라서 초대형 핑매바위 고인돌은 무덤의 의미보다는 마을의 경계석과 묘표석 등 상징적인 의미의 고인돌로 이해할 수 있다. 대체로 제단적 고인돌 아래 방향에는 작은 고인돌들이 밀집 분포한다.

그리고 덮개돌 전면의 '驪興閔氏世葬山'은 여흥 민씨의 선산임을 뜻하며, 여흥 민씨 문중에서 일제 강점기인 1929년(己巳三月日有司閔丙龍)에 새긴 것이다.

핑매바위 고인돌 전설

핑매바위를 장군바위라고 부르는 사람도 있으나 대개 핑매바위라고 부른다. 이 바위에 관한 전설은 고인돌에 얽힌 이야기가 아닌 대부분 인근 운주사 천불천탑과 관련한 이야기이다.

⁑ 마고할미(주로 무속신앙에서 받들며, 전설에 등장하는 신선 할머니)가 치마폭에 돌을 싸가지고 운주골로 가다가 치마폭이 터져서 그만 팽개치고 간 돌을 '핑매바위'라고 한다. 그리고 핑매바위 위에 구멍이 있는데 이 구멍은 마고할미가 오줌을 누어 생긴 구멍이라 한다. 그래서 나무꾼이나 사람들이 지나가다가 왼손으로 돌을 던져 그 구멍에 들어가면 아들을 낳고 들어

가지 않으면 딸을 낳는다는 전설이 내려온다. 핑매는 '돌을 던지다'라는 뜻의 전라도 사투리이다.

⁑ 마고할미가 운주골에서 천불천탑을 쌓기 위해 돌을 모은다는 소문을 듣고 공덕을 쌓으려고 치마에다 돌을 싸가지고 가는데 닭이 울었다. 사실 일하기 싫어했던 사미승이 흉내낸 닭 울음소리였다. 아무튼 마고할미는 탑을 다 쌓았다는 소리에 화가 나 돌을 발로 찼는데 그 돌이 매를 맞히고 날아 갔던 까닭으로 핑매바위라고 한다. 핑매바위 위에는 마고할미가 오줌을 싸서 생긴 구멍이 있는데 동네사람들이 지나가다가 왼손으로 돌을 던져 그 구멍에 들어가면 아들을 낳고 들어가지 않으면 딸을 낳는다고 한다. 또한 처녀와 총각들이 왼손으로 돌을 던져서 그 구멍에 돌이 들어가면 그해 장가를 가거나 시집을 가고, 들어가지 않으면 그해에 결혼을 하지 못한다는 이야기가 전해진다.

⁑ 보검재 등성이에 있는 핑매바위 아래에 나무로 만든 궤짝이 있었는데, 그 안에 장군 옷이 있었다고 한다. 그래서 이 바위를 '장군바위'로 기억하기도 한다.

❶

❷

❶ 마고할미가 오줌을 싸서 생긴 구멍 ❷ 그 구멍을 중심으로 돌들이 가득하다.

여자의 치마에서 나왔다는 각시바위 채석장

각시바위는 핑매바위 북쪽 산꼭대기에 있으며, 주변에 고인돌의 덮개돌만 한 바위들이 흩어져 있는 것으로 보아 고인돌 채석장인 듯하며 각시바위를 비롯한 돌들이 남쪽을 향하고 있다.

각시바위 전설

마고할미가 운주골에서 천불천탑을 쌓기 위해 돌을 모은다는 소문을 듣고 천불천탑을 쌓을 요량으로 치마에다 돌을 싸가지고 가는데 도중에 닭이 울었다. 이어서 탑을 다 쌓았다는 말에 마고할미는 치마에 싸가지고 왔던 돌들을 그냥 버리고 가버렸다. 그 돌들이 여자의 치마에서 나왔다고 해서 '각시바위'라 부른다.

* 바위가 각시처럼 생겼다 해서 '각시바위'라 하고, 그곳을 '각시박굴'이라고 한다. 땔나무를 하러온 아이들이 각시바위 아래서 놀기도 했다고 한다.

❶ 각시바위 채석장 ❷ 각시바위 채석장

갓 모양의 감태바위 채석장

감태바위는 지동마을에서 보검재로 넘어가는 길 북쪽에 있으며 고인돌 덮개돌을 캤던 채석장이다. 이 암벽은 길이 6미터, 높이 2.5미터 정도 드러나 있는데, 암벽에는 60센티미터 안팎의 돌결이 있어 돌을 캐내기가 쉬운 성질을 가지고 있다. 올라가 관찰하면 튀어나온 부분을 떼어내려다만 흔적과 떼어내려고 판 홈이 보인다. 이 홈에 단단한 돌이나 나무로 파서 지렛대나 쐐기를 박아 힘을 쓰면 쉽게 떼어낼 수 있다. 주변에 많은 바위들이 덮개돌처럼 떼낸 상태로 여기저기 흩어져 있다. 암벽 옆 비스듬히 놓여 있는 바위는 다시 옮길 것을 생각해서 채석한 뒤에 움직여 놓은 상태이다.

화순의 채석장 암석은 화산 활동의 결과로 화산재가 쌓여 굳어진 응회암과 마그마가 식어서 만들어진 안산암으로 확인되었다. 응회암은 돌의 성질이 연하고, 안산암은 결이 있다. 퇴적의 영향으로 겹겹의 상태로 굳은 응회암이나 결이 있어 절리(갈라진 틈)가 발달한 안산암은 그 어떤 돌보다 채석이 쉬웠으므로 고인돌을 축조하기에 좋은 환경이다.

1999년 조사에서 청동기시대의 점열문(點列文)토기 조각과 통일신라시대의 토기 조각, 조선시대 분청사기 조각과 상평통보 등이 출토되었다. 또한 2004년 조사에서는 시대가 다른 유물들이 특별한 연관성이나 유구(遺構, 옛날 토목건축의 구조와 양식을 알 수 있는 실마리가 되는 자취)의 흔적 없이 출토되었는데, 정리하는 과정에서 돌로 만든 가락바퀴, 작은 석기 조각, 무문토기 조각이 나왔다.

채석장 아래에서 출토된 아가리(입) 부분에 삼각형의 무늬와 점이 줄 지어 있는 점열문토기는 전기 청동기시대(기원전 9~10세기)의 유적에서 출토되는 유물로, 이에 따라 화순 고인돌은 약 3000년 전 무렵부터 축조되었음이 확인되었고 시대가 다른 출토 유물은 감태바위에 대한 신앙 또는 제사의식의 산물로 추정하고 있다.

갓 모양의 감태바위 이야기

마을사람들에 따르면, 감태바위 이름의 유래는 바위 밑은 사람의 형상이고, 위에 갓(감태)을 쓰고 있는 형상이라고 하여 그런 이름이 붙여졌다. 감태바위 밑에서 나무꾼과 땔나무를 하던 아이들이 나무를 해가지고 오면서 이곳에서 놀았으며, 일하기 싫은 아이들이 이곳에 모여 놀았다고 한다. 가령 돈치기(동전을 던져서 땅바닥에 벌여 놓은 동전을 맞히는 내기를 하는 놀이)를 한다든가, 말타기 등의 민속놀이가 행해졌던 놀이 공간이었다.

❶ 감태바위 채석장 ❷ 감태바위 채석장 출토 유물(삼각 점열문토기 조각)

감태바위 아래 여러 형식의 고인돌

감태바위 아래에 밀집 분포되어 있는 고인돌에서 다양한 형태를 엿볼 수 있다. 덮개돌을 받치고 있으면서 지상에 무덤방이 드러난 탁자식 고인돌과 고임돌이 있는 바둑판식 고인돌, 무덤방이 드러난 뚜껑식(개석식) 고인돌 등이다.

이 암벽 위에는 괴석형 덮개돌이 떼어낸 상태로 놓여 있고, 주변에 떼어낸 돌을 쌓아 놓은 것처럼 보이는 석재들도 있다. 이와 같은 형태에서 볼 때 이곳에서 덮개돌을 떼어내 바로 아래로 옮겨 고인돌을 축조했다고 생각된다. 이곳에 떼어낸 덮개돌과 다양한 형태의 고인돌이 있어 고인돌의 채석-축조 과정을 한곳에서 모두 볼 수 있는 매우 의미 있는 곳이다.

감태바위 아래 전경

❶ 감태바위 탁자식 고인돌 ❷ 감태바위 바둑판식 고인돌 1 ❸ 감태바위 바둑판식 고인돌 2
❹ 감태바위 개석식 고인돌

태풍으로 쓰러진 탁자식 고인돌 복원

2012년 태풍 볼라벤의 영향으로 훼손된 감태바위 고인돌 23호와 24호에 대해 발굴 조사와 복원 작업이 실시되었다. 24호 고인돌은 덮개돌의 길이 450센티미터, 너비 310센티미터, 두께 70센티미터, 무게는 15톤으로 대형급에 속하며, 덮개돌 밑에 양쪽 장벽석인 대형 판석 2매와 단벽석 1매로 고인 탁자식 고인돌로 판명되었다.

훼손된 고인돌은 발굴 조사 후 길이 140센티미터, 너비 50센티미터, 높이 40센티미터의 무덤방(石室)으로 복원되었으며, 위에 올린 덮개돌은 무덤방 밖으로 1~1.7미터의 처마를 갖춘 웅장한 모습으로 복원되었다. 이 고인돌은 무덤방의 넓이에 비해 덮개돌 넓이가 5배 이상이나 되는, 작은 무덤방으로 넓은 덮개돌을 받치면서 균형을 유지하는 당시의 고인돌 축조 기술을 엿볼 수 있는 귀중한 자료이다.

완전한 형태의 간돌검 발견

태풍 볼라벤의 영향으로 훼손된 23호에 고인돌에서 완전한 형태의 간돌검이 발견되었다. 무덤방은 길이 133센티미터, 너비 46센티미터, 깊이 40센티미터의 크기에 납작한 돌을 세워 축조했는데 간돌검은 무덤방 아래에서 검의 끝이 위로 향한 형태로 출토되었다. 돌검의 길이는 12.5센티미터이며 손잡이와 연결된 부분 양쪽에 홈이 파여 있는 것으로 보아 이런 간돌검은 손잡이를 만들어 달아서 사용하던 형태이다.

세계유산으로 등재된 고창과 강화 지역의 고인돌에서는 간돌검이 발견된 예가 없으며, 화순 고인돌에서 처음으로 완전한 형태의 간돌검이 부장 유물로 출토되었다.

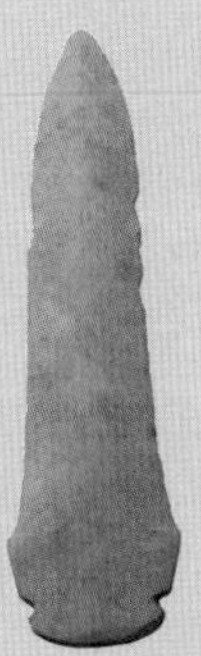

❶ 태풍으로 훼손된 고인돌 ❷ 고인돌 덮개돌 이동 ❸ 탁자식 고인돌 복원
❹ 새로 발견된 무덤방 ❺ 간돌검 출토 당시 모습 ❻ 간돌검

다양한 무덤방이 확인된 대신리 고인돌

지동(池洞, 못골)마을 입구에 자리한 이 유적은 1999년 목포대학교박물관에서 발굴 조사했으며, 그 결과 고인돌 덮개돌 19기와 주변에서 발견된 무덤방 16기를 포함해 35기의 고인돌이 확인되었다.

남쪽 고인돌은 고임돌(支石)로 받친 바둑판식(碁盤式) 고인돌과 고임돌로 나눈 위석형(圍石形) 무덤방이 나타나고, 북쪽의 묘역에서는 돌로 쌓아서 만든 돌덧널무덤방(石槨形)과 얇은 판석을 짜 맞춘 돌널무덤방(石棺形), 바둑판식 고인돌 등 다양한 구조의 무덤방이 확인되었다.

대신리 고인돌의 가장 큰 특징은 전체적으로 계획된 묘역을 형성했으며, 깐돌(敷石)로 연결된 쌍을 이룬 고인돌이 많다는 점이다. 쌍을 이룬 고인돌이 이어져 있다는 것은 무덤의 주인들이 부부나 부자 사이 등 혈연적으로 밀접한 관계로 보고 있다.

출토 유물은 죽은 사람을 위해 특별히 부장한 가락바퀴와 붉은간토기편 등이 무덤방 안에서 출토되었고, 무덤방 주변에서는 간돌검편, 돌화살촉, 돌 끌, 턱자귀, 갈돌과 갈판, 민무늬토기편 등이 출토되었다.

이 유적의 연대는 목탄으로 분석한 방사성탄소연대와 토기로 분석한 열발광 연대측정에 따라 지금부터 2500년에서 2700년 사이에 축조되었음이 확인되었다.

2008년 무덤방의 훼손을 방지하고 관람객의 편의를 제공하기 위해 발굴지 보호각을 설치했으며, 발굴 조사 결과 원래의 위치를 알 수 있는 3기는 제자리에 복원하고 나머지는 야외전시장에서 전시하고 있다.

❶

❷

❸
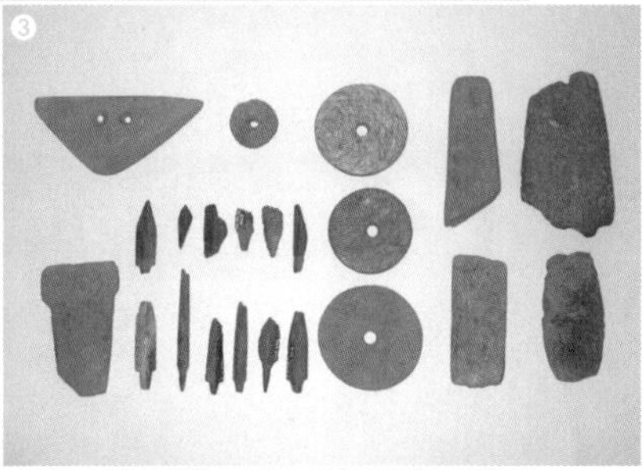

❹

❶ 대신리 고인돌 발굴 전 모습 ❷ 대신리 고인돌 발굴 후 모습 ❸ 대신리 고인돌 출토 유물
❹ 대신리 고인돌 보호각

괸돌바위 고인돌

괸돌바위는 지동마을 동네 앞에서 동쪽 40미터 진입로를 거쳐 남쪽에 있는 길이 350미터의 고인돌이다. 고인돌의 덮개돌이 편평하여 사람들이 앉아서 놀기 편한 모양새이다. 마을사람들은 이 돌을 '괸돌바위'라고 부른다.

⁑ 옛날 괸돌바위 앞에 큰 연못이 있어 마을사람들은 괸돌바위 위에 앉아 '내끼질(낚시질)을 했다'고 한다. 연못이 있는 마을이라는 뜻으로 이름도 '못골(池洞)'이라 했다.

❶ 괸돌바위 고인돌과 연못 추정지 ❷ 괸돌바위 고인돌

화순 고인돌 사람들의 집

화순 고인돌을 축조했던 사람들의 집은 어떤 모습이었을까? 주변에서 발굴된 집터를 통해 추정해볼 수 있다. 청동기시대 집자리는 평면이 긴네모꼴(장방형)과 네모꼴(방형), 둥근꼴(원형) 등 여러 가지이다. 이른 시기에는 긴네모꼴로 규모가 크며 집 건축도 튼튼하고 복잡한 건축 모습을 보이지만, 늦은 시기에는 네모나 둥근 모양의 집터에 중앙에는 타원형 구덩이와 그 양쪽에 중심 기둥구멍이 있는 매우 단순한 구조이다.

화순 고인돌을 만들었던 고인돌 사람들의 집터는 도곡면 효산리와 춘양

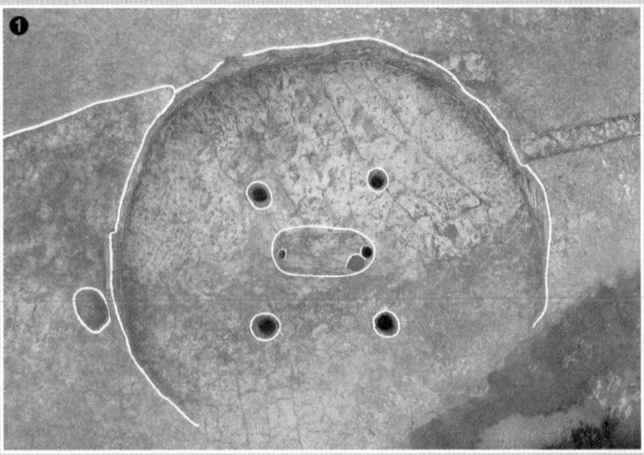

❶ 전남 화순 내평리 청동기시대 주거지 ❷ 화순 도곡면 효산리 청동기시대 주거지

면 광대촌에서 발굴 조사되었다. 효산리 집자리는 모산마을 앞 평지에 타원형 구덩이와 중심 기둥구멍만 확인되었는데, 삼국시대 집자리로 훼손되어 바닥만 남아 있다.

비교적 잘 남아 있는 춘양면 화림리 광대촌 집자리는 지석천 주변의 나지막한 구릉사면에서 삼국시대 집자리와 함께 3동이 발굴되었다. 집자리는 서로 중첩되어 일부만 남아 있지만 평면이 원형이고 가운데에 타원형 구덩이와 그 양끝에 중심 기둥구멍이 있는 늦은 시기의 형태이다. 내부 시설로는 벽 가장자리를 빙 둘러가며 얕게 홈을 판 도랑(벽구), 토기를 놓아두었던 저장구덩이가 있고, 출토된 유물은 민무늬토기와 돌화살촉이다.

집터에서 출토된 목탄을 과학적으로 분석한 절대연대는 화림리 광대촌 2410±50B.P./ 2500±50B.P.이고, 화순 내평리는 2630±40B.P./2740±40 B.P./2720±30 B.P./6호 2650±40 B.P.으로 측정되어 기원전 400년에서 800년 사이에 살았던 것으로 추정된다.

이를 종합해보면 지금부터 2400~3000년 전에 화순 고인돌을 만들었던 사람들의 집은 평면 원형이나 방형의 집자리에 중심기둥 2개를 중앙에 두고 원추형이나 원추에 대들보를 올린 맞배지붕 형태의 집에서 살았던 것으로 추정이 가능하다.

5

세계유산에 함께 등재된 고창과 강화 고인돌 유적

거석문화의 보고, 고창 고인돌 유적

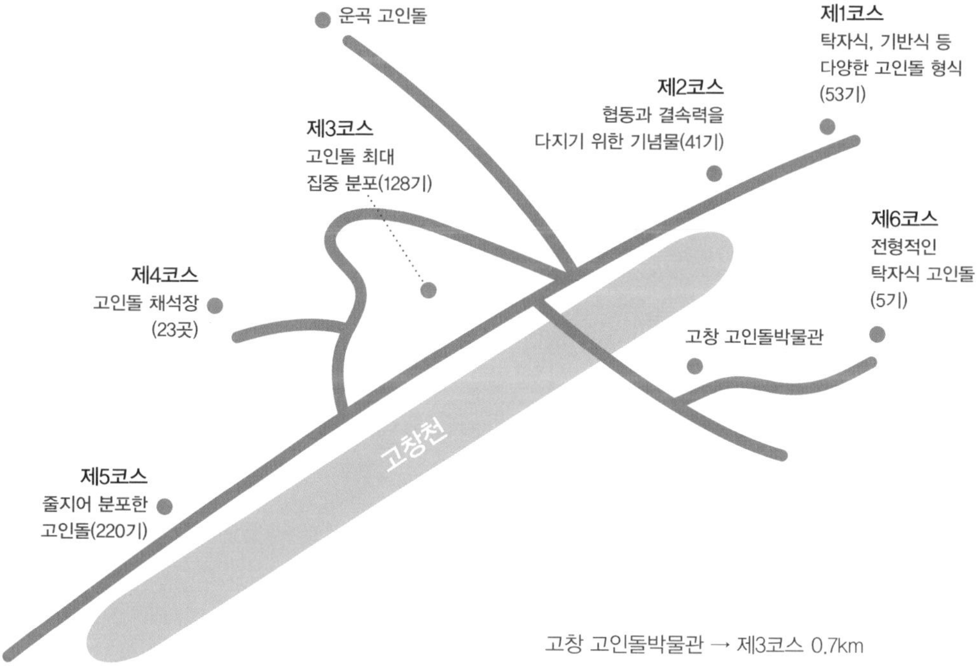

고창 고인돌박물관 → 제3코스 0.7km
고창 고인돌박물관 → 제6코스 1.0km
제1코스 → 제5코스 1.8km
제3코스 → 운곡 고인돌 3.4km

고창 고인돌 유적은 고창군 죽림리와 상갑리 일대에 성틀봉과 중봉의 남쪽 기슭을 따라 등고선의 방향으로 2~3열을 이루며 분포되어 있다. 1.8킬로미터 범위에 442기가 분포되어 있는데 1코스에 53기, 2코스의 41기, 3코스에 128기, 5코스에 220기로 좁은 범위 안에 밀집 분포를 보이고 있다.

이처럼 고창 고인돌 유적은 단일 구역으로는 우리나라에서 가장 큰 군집을 이루고 있을 뿐만 아니라 다양한 형식의 고인돌이 분포하며, 고인돌 축조 과정을 알 수 있는 채석장이 있어 대표적인 거석문화의 보고(寶庫)라 할 수 있다.

따라서 고창 고인돌 유적은 고인돌의 형성과 발전 과정을 규명하는 중요한 유적이며, 유럽과 중국, 일본과도 비교할 수 없는 독특한 특징을 가진 유산으로 화순, 강화와 함께 세계유산으로 등재되었다.

다양한 형식의 1코스 고인돌

1코스 고인돌은 중봉의 남서부에 자리하며 전형적인 기반식과 탁자식, 개석식 등 총 53기가 분포되어 있다. 2509호의 탁자식 고인돌은 받침돌은 탁자식이고, 덮개돌은 바둑판식 모습의 입체화된 고인돌로, 전형적인 고인돌에서 탈피한 변형된 탁자식의 모습이다. 2513호 전형적인 기반식 고인돌은 덮개돌을 받치거나 괴고 있는 받침돌이 덮개돌을 직접 받치고 있으면서 하부 구조의 무덤방 파괴를 막아주는 역할과 더불어 고인돌을 더욱 웅장하게 보여주는 역할을 하고 있다.

이처럼 1코스 고인돌은 탁자식, 기반식(바둑판식), 개석식(뚜껑식) 등 다양한 형식의 고인돌을 한곳에서 볼 수 있는 산 교육장이다.

집단의 상징 기념물의 2코스 고인돌

2코스 고인돌은 변형된 탁자식과 기반식, 개석식 등 41기의 고인돌이 밀집 분포하고 있다. 그 가운데 2406호 고인돌은 고인돌 묘역과 일정한 거리를 유지하면서 독립적으로 존재하는 것으로 보아 제단이나 묘역을 상징하는 기념물로 축조되었을 것이다.

무게가 120~150톤인 거대한 덮개돌의 고인돌은 여러 집단들의 협동과 결속력을 다지기 위한 상징적인 기념물로, 일정한 지역 안에 거족적인 행사의 하나로 건립되었다고 추정한다.

❶ 1코스 고인돌 다양한 형식의 고인돌을 한눈에 볼 수 있다.
❷ 제단이나 묘역을 상징하는 2406호 2코스 고인돌 ❸ 거대한 덮개돌의 2코스 고인돌

고인돌 최대 밀집 분포지 3코스 고인돌

3코스 고인돌은 성틀봉과 중봉 사이의 산줄기에서 흘러내린 계곡 사이의 지대로 고창 고인돌 유적의 중심부에 위치한다. 변형된 탁자식과 기반식, 개석식 등 총 128기의 고인돌이 있으나 덮개돌의 일부가 파괴되어 돌무더기가 쌓여 있는 것을 볼 때 원래의 고인돌의 수는 더 많았을 것으로 추정한다.

23곳의 고인돌 채석장 4코스

고인돌 축조 과정을 살필 수 있는 채석장은 고인돌군이 자리하고 있는 뒷산 성틀봉과 중봉 주변 23곳에서 발견되었다. 성틀봉 주변에 15곳, 중봉 주변에 8곳이 조사되었고, 주로 7~8부 능선 지점에 군집을 이루며 넓은 범위에 분포하고 있다.

고인돌 덮개돌의 주성분은 응회암과 안산암으로 채석장의 성분과 같음이 밝혀졌다. 다시 말해, 고창 고인돌 유적의 대부분의 석재는 이곳 채석장에서 캐내어 축조했음을 알 수 있다.

줄지어 분포한 5코스 고인돌

5코스 고인돌은 성틀봉의 남쪽 비탈면에 고창천이 흐르는 방향과 나란히 분포하고 있다. 변형된 탁자식과 기반식, 개석식으로 형식을 알 수 있는 고인돌 덮개돌을 포함하여 220기의 고인돌이 밀집 분포되어 있다.

이곳에서는 대부분 2미터 내외의 소형 고인돌과 줄지은 고인돌을 만날 수 있다. 고인돌이 줄지어 있고 군집을 이룬 형태는 혈연을 기반으로 한 집단의 공동묘역으로 보기도 하고 지배 집단의 묘역으로 추정한다.

❶ 3코스 고인돌 전경 ❷ 4코스 고인돌 덮개돌 채석장 ❸ 줄지어 늘어선 5코스 고인돌

6코스 도산리 탁자식 고인돌

고창 고인돌박물관에서 1킬로미터 떨어진 도산마을 안에 전형적인 탁자식 고인돌이 있다. 해발 43미터의 나지막한 구릉에 탁자식 고인돌 1기와 바둑판식, 개석식 등 총 5기의 고인돌이 분포하고 있으며 죽림리 고인돌과 함께 사적 391호로 지정되었다.

도산리 고인돌은 남한 지역에서 가장 전형적인 탁자식 고인돌로 높이 약 190센티미터, 너비 250센티미터, 두께 25센티미터 정도의 균일한 오각형과 직사각형 굄돌 두 장을 약 65센티미터 간격을 두고 수직으로 세우고 그 위에 가로 344센티미터, 세로 290센티미터, 두께 60센티미터 정도의 판석을 얹었다. 전체 높이는 2.5미터로, 무덤방은 폭이 좁고 길쭉하다. 2010년 주변 지역을 정비하여 현재 상태로 복원했다.

정비 복원된 6코스 도산리 고인돌

역사 박물관, 강화 고인돌 유적

남한 지역의 대표적인 탁자식 고인돌인 강화 고인돌은 고려산을 중심으로 부근리, 삼거리, 고천리, 오상리, 교산리 등 5개 지역에 흩어져 분포하며, 평지보다는 산등성이와 산 정상에 분포하는 것이 특징이다.

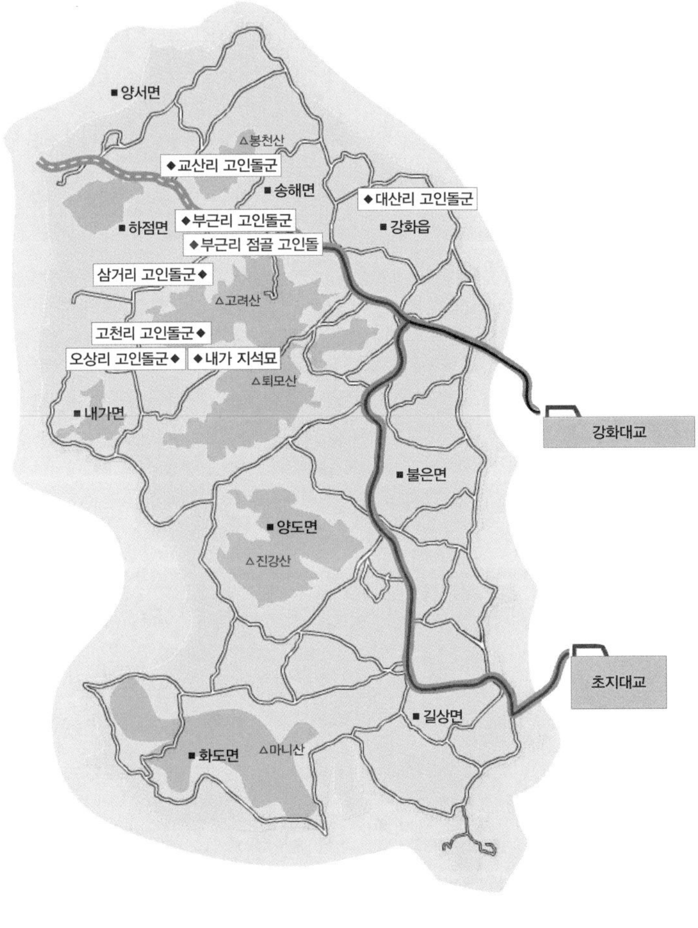

강화 고인돌 분포지

강화 고인돌은 인천광역시 강화군 하점면 부근리, 삼거리, 고천리, 오상리, 교산리에 분포하고 있다. 특히 고려산(436미터) 북쪽 산기슭에 127기의 고인돌이 분포하며, 군집을 이루기보다는 흩어져 있다. 한강 어귀의 강화도는 역사적으로 중요한 지역이라 고인돌 또한 일찍부터 잘 알려져 있다.

세계유산으로 지정된 고인돌은 보존 상태가 좋은 부근리 14기, 삼거리 9기, 고천리 20기, 오상리 12기, 교산리 13기, 대산리 1기, 부근리 점골 1기 등 70기가 등재되었다.

강화 고인돌은 산기슭, 구릉, 평지, 산마루 등 아주 다양한 분포 양상을 보여준다. 교산리와 고천리 고인돌은 산마루에, 부근리와 삼거리는 평지에 분포하고 있다. 특히 잘 알려진 부근리 탁자식 고인돌은 고려산의 북쪽 기슭 해발 20~30미터 높이에 있으며 고인돌의 북쪽 옆으로는 바다로 흘러가는 금곡천이 있다.

남한 최대의 탁자식 고인돌-부근리 고인돌

강화 지석묘로 알려진 부근리 고인돌(사적 137호)은 초등학교 교과서에 수록되어 있어 우리에게도 친숙한 고인돌이다. 하점면 부근리 317번지 강화 고인돌공원 안에 있는 이 고인돌은 이미 1964년 사적으로 지정되어 보호 관리되고 있다.

이 고인돌의 덮개돌 크기는 장축 길이 6.40미터, 폭 5.23미터, 두께 1.12미터이며, 지상에서의 전체 높이는 2.45미터이다. 대형 판석형 덮개돌 중앙부 아래에 대형 받침돌 2개로 고여 있고, 현재 좌우의 받침돌만 남아 있어 석실 내부가 마치 긴 통로처럼 되어 있다. 받침돌은 동쪽으로 30도 정도 기울어져 있고 그 위에 덮개돌이 얹혀 있다. 덮개돌의 암석은 미그마타이트질(migmatite, 퇴적암이나 변성암이 마그마가 뿜어 나와 지표에서 굳어버린 화성암과 섞여 이루어진 암석) 편마암(운모, 석영, 장석 등으로 이루어진 변성암)이고 왼쪽 받침돌은 운모편암, 오른쪽 받침돌은 화강암질 편마암이다.

이 고인돌은 대지 위에 받침돌로 고인 덮개돌이 거대하고 웅장한 모습이라든지, 쉽게 눈에 띄는 위치에 있는 점으로 미루어 무덤의 기능보다는 축조 집단을 상징하는 기념물이거나 제단 기능이 강한 것으로 보인다.

정비 복원된 오상리 고인돌

강화 내가면에 있는 오상리 고인돌은 발굴 후 12기가 정비 복원되었다. 이 고인돌군은 고려산 서쪽 낙조봉의 끝자락 해발 76미터 지점의 조그만 야

❶ 부근리 고인돌 ❷~❸ 정비 복원된 오상리 고인돌

❶~❷ 고천리 고인돌 ❸ 등산로 옆의 고천리 고인돌
❹ 강화 고천리 고인돌군 원경(붉은색 표시 지점)

산에 위치하며, 이 가운데 크기가 가장 크고 한쪽에 치우쳐 있는 고인돌은 지방기념물 46호로 지정된 '내가 지석묘'이다. 받침돌의 높이는 50센티미터 내외로 덮개돌의 크기에 비해 고인돌 전체 높이가 비교적 낮은 모습이며 받침돌과 막음돌로 사방을 막은 형태이다.

2000년 선문대학교에서 발굴 조사한 결과 돌검, 돌화살촉, 돌칼, 돌도끼, 갈판 등 다양한 석기류와 붉은간토기 등의 유물이 출토되었다.

산 정상에 위치한 고천리 고인돌

고천리 고인돌군은 고려산 정상에서 적석사 낙조봉으로 이어지는 능선 서쪽 정상부에 위치하고 있는데, 이곳은 해발 300~350미터로 현재까지 고인돌의 분포 지역 가운데 가장 높은 곳에 위치하고 있다.

고인돌은 3개군 20여 기로 나누어 군집되어 있고 대부분 높이가 낮은 탁자식 고인돌이다. 산 정상부나 산사면에 위치하고 있어 대부분의 덮개돌이 비스듬히 기울어져 있거나 낙엽과 흙으로 묻혀 있는 경우가 많다.

세계유산 고인돌 유적의 보존과 활용

세계유산 고인돌 보존 관리

세계유산으로 등재된 고인돌 유적은 유적 정화사업 기본 계획에 따라 유적 정비, 보존, 관리가 체계적으로 이루어진다. 지정구역의 설정과 완충지역 확보로 고인돌과 함께 주변 경관까지 고려한다. 보호구역 내의 토지 매입을 통한 고인돌 관련 편의시설물 배치와 설치, 토지 이용 계획, 교통과 탐방로 계획, 조경, 자연환경 복원 등에 이르기까지 철저한 계획에 따라 유적이 정비되고 있다.

세계유산으로 등재된 후 정비 복원뿐 아니라 행정적으로 관리 체계를 마련하여 체계적으로 관리 운영되고 있다. 홍보 책자 발간, 홈페이지 운영, 문화 해설사를 활용한 관람객 안내 등 관련 기관의 지원으로 홍보 시스템이 잘 갖추어져 있다. 한편, 세계유산으로 등재 이후 세계유산 로고를 활용하여 명칭 표기 등 주요 도로에 접근 안내판을 설치하여 세계유산 안내 체계를 바꾸었다.

세계유산으로 등재된 고창·화순·강화 고인돌을 홍보하고 이해시키기 위해 관련 시설물 설치 및 주변 정비 사업이 이루어지고 있다. 현재까지 설립이 추진된 시설물은 고창 고인돌 박물관, 화순 발굴지 보호각, 강화 역사박물관이 대표적이다. 강화 부근리 고인돌 유적은 고인돌 주변 광장에 잔디를 심고 정비해서 멀리서도 한눈에 고인돌을 관람할 수 있게 했다. 또한 고인돌 주위에 관람을 위한 탐방로를 설치하여 고인돌시대의 신비스럽고 성역화된 느낌을 갖도록 유적을 정비해 놓았다.

고창 고인돌 박물관은 고인돌 관련 생활 모습을 복원하고, 체험 학습장 등을 갖췄으며, 박물관 3층에 하늘정원을 만들어 관람객들에게 편의를 제공하는 한편, 고인돌의 분포 상황을 한눈에 조망할 수 있는 전망대로 활용하고 있다.

화순 고인돌 보호각은 발굴된 고인돌의 무덤방 등 하부 구조를 그대로 노출하여 일반인에게 공개하는 시설로, 자연채광 방식으로 3미터 높이의 강화유리로 된 관람시설을 갖추어 발굴지를 내려다볼 수 있도록 했다. 고인돌 유적에 대한 상세한 자료를 제공하기 위해 보호각 안에 고인돌을 이해할 수 있게 사진 패널을 설치해 놓았다. 화순 고인돌 유적지에서는 우리나라 최대 규모의 화순 고인돌 선사마을(선사체험장)을 추진하고 있고, 고인돌 연구 교육센터 건물도 계획되어 있다.

❶ 고창 고인돌 박물관 ❷ 화순 대신리 고인돌 보호각 ❸ 강화 부근리 고인돌 관리

세계유산 고인돌 활용

❖ 관광자원으로 활용

관광자원으로 활용하기 위해서는 먼저 국내외적으로 세계에서 우리나라에 고인돌이 가장 밀집 분포한다는 점을 홍보하는 것이 무엇보다 중요하다. 그 다음으로는 고인돌에 대한 정비 복원 사업과 아울러 고인돌 답사 탐방로를 개발해야 한다. 이를 바탕으로 언론기관을 통한 적극적인 홍보와 관광·문화 안내요원의 양성과 배치가 뒷받침되어야 한다.

우리나라 고인돌은 세계적으로 가장 조밀한 분포권을 형성하고 있음에도 일반 국민들은 이 점을 잘 인식하지 못하고 있다. 세계 거석문화 분포에서 우리나라에 고인돌이 가장 밀집되어 있다는 사실을 홍보하고, 화순과 고창·강화 고인돌이 세계유산으로 등재되어 세계적인 문화유산임을 알리고 교육해야 한다. 관광지도에 고인돌의 위치 표시와 함께 국도나 지방

고인돌 홍보인력 양성 교육

도 등 안내판에 고인돌 위치를 표시하거나 고인돌 진입로에 탐방 안내판을 길가에 배치하는 것도 바람직하다.

고인돌을 주제로 한 문화관광 코스의 설정도 고려해볼 수 있다. 먼저 고인돌 탐방로를 개발해야 한다. 이를 위해 도로변 고인돌의 정비와 안내판 설치로 '고인돌길'임을 알리는 방안이 있을 수 있다. 권역별 또는 주제별의 문화관광 코스를 설정할 수도 있고, 연령에 따라, 학력의 정도에 따라 국내나 해외 사람들을 위한 코스를 다양하게 개발할 필요가 있다. 예를 들어 화순 고인돌 유적지는 독특한 불교문화재가 산재한 운주사와 통일신라시대 최대의 조각 솜씨를 보여주는 쌍봉사 불교유적, 조선 전기의 개혁적인 인물 조광조 유적지 등과 연계된 문화관광권 개발도 필요하다.

일선 기관에서 문화 행정을 담당하는 직원은 거의 일반직으로, 수시로 바뀔 수 있는 여지가 있다. 이런 점 때문에 문화유산의 체계적인 관리와 연계될 수 있게 전문 인력을 고정 배치해야 할 것이다. 이와 함께 행정기관에서 탐방객을 위해 안내와 설명을 담당하는 문화유산 해설사 양성은 매우 바람직하다 할 것이다. 각 지역의 문화유산과 관광지, 역사 등의 교육을 통해 각 유적지에 배치되어 관광객의 안내를 담당해야 한다. 그리고 문화유산 해설사에 대한 지속적인 교육으로 새로운 정보를 습득케 함으로 해서 더 좋은 안내자의 역할을 담당하도록 해야 한다.

❖ 교육자료로 활용

교육자료의 활용에서 박물관이나 전시관에서의 유적과 함께 관련 유물에 대한 기초적인 지식을 습득할 수 있어야 한다. 이에 덧붙여 학술적 조사와 연구에 기초한 유적의 이미지 창출로 소극적 관람에서 적극적인 현장 참여를 유도할 수 있도록 해야 한다.

먼저, 학술조사와 연구로 새로운 정보를 지속적으로 제공해야 한다. 고인돌에 대한 새로운 가치 창조와 이미지 창출을 위해 학술 성과에서 수집된 자료와 자원을 최대한 반영해야 한다.

둘째, 세계의 거석문화 정보를 제공하는 연구센터와 학회 설립도 필요하다. 세계유산으로 지정된 고창에는 '고인돌 박물관'이 설립되었고, 앞으로 화순 지역에 '고인돌 교육 연구센터'가 계획되어 있다. 이 연구센터는 지리정보체계(GIS)를 이용하여 우리나라 고인돌 외에도 동북아시아, 유럽 등 세계의 고인돌에 대한 고고학적 연구 성과물을 수집하고, 이를 특수 데이터베이스로 개발함으로써 앞으로 유적지의 보존과 개발의 중심센터로 활용될 것이다. 세계의 유일한 거석문화 연구기관의 설립과 운영은 세계 거석문화의 중심지임을 알리는 계기가 될 수 있기 때문이다.

❶ 선사시대 체험 ❷ 고인돌 옮기기 체험 ❸ 움집 만들기 체험 ❹ 토기 만들기 체험

셋째, 일반인이 참여하는 행사를 적극적으로 기획해야 한다. 각 시군마다 다양한 축제를 주최하고 있는데, 관과 주민이 다 함께 참여하는 것이 바람직하다. 특히 박물관 같은 기관에서는 관람객을 위한 참여 학습 기회를 늘려야 한다. 다시 말해, 국민과 함께하는 문화체험 같은 것이다. 각 축제 속에서 참여 학습을 할 수 있는 체험관광 상품의 개발이 필요하다. 요즘 생태관광, 문화유적 답사, 향토음식 관광 등 다양한 주제를 가진 관광객들의 현장 체험학습 욕구가 많다. 남녀노소의 취향에 맞는 기획 행사를 마련하여 그들의 적극적인 참여를 유도해야 한다.

넷째, 선사시대 체험학습장의 정기화와 정례화도 필요하다. 우리나라에는 선사시대의 생활상을 복원한 곳이 없고, 단지 일부만 복원해놓고 있다. 이제까지 모아놓은 학술 자료를 토대로 당시의 마을과 생활상을 복원하여 일반인이 체험할 수 있는 공간을 마련하는 것도 좋을 것이다. 화순 고인돌 유적지에서 실시하고 있는 고인돌의 선사시대 체험이 우리나라 대표적인 체험학습장으로 자리 잡고 있다.

주변에 가볼 만한 역사유적지

동부권

화순온천 —1km— 공룡화석지 —19km— 물염정 —18km— 동복향교 —1km— 연월리고인돌 —5km— 김삿갓유적지 —30km— 고인돌유적지

서부권

고인돌유적지 —13km— 운주사 —27km— 쌍봉사 —2km— 학포당 —21km— 조광조유배지

운주사

조광조유배지

공룡화석지

쌍봉사

6 화순의 문화유산 둘러보기

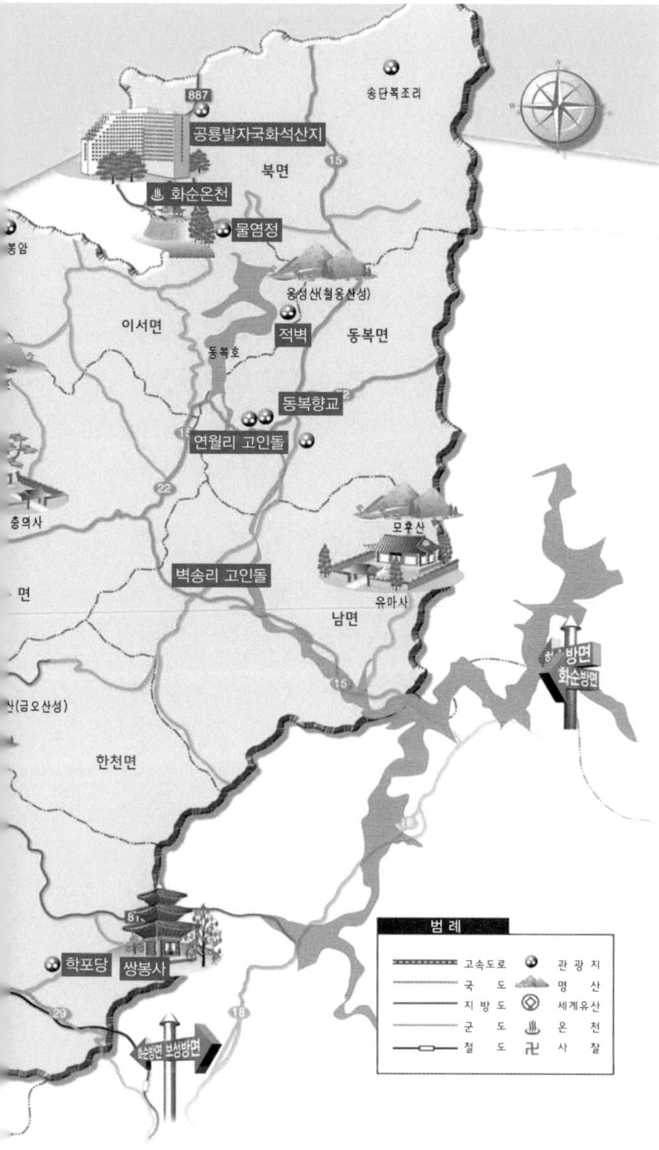

고인돌과 청동기 중심의 선사문화

전형적인 바둑판식 벽송리 고인돌

시도기념물 124호

전남 화순군 남면 벽송리 200

벽송리 고인돌군은 보성강 상류의 사평천으로 흘러드는 조그마한 하천을 따라 동서로 길게 줄지어 25기의 바둑판식 고인돌들이 배치되어 있다. 전체적으로 덮개돌이 거대한 고인돌을 중심으로 에워싸는 듯이 배치되어 있으며, 규모는 2~3미터 정도가 대부분이고 3미터를 넘는 것도 3기나 있다.

이 가운데 가장 큰 것은 받침돌이 4개인 전형적인 바둑판식 고인돌로 길이 3.4미터, 너비 3.2미터이며, 무리 중심부에 있다. 이 고인돌은 무덤의 기능보다는 집단의 기념물이나 위력을 과시하는 상징적 의미가 크다.

이 고인돌군에는 거북바위와 배바위라 부르는 고인돌이 있는데 거북바위는 거북등 모양의 덮개돌 한쪽에 거북머리가 만들어져 있고 배바위는 배처럼 생긴 것으로 한쪽이 들려 있는 형태이다. 배바위 고인돌은 길이 2.5미터, 너비 1.9미터의 덮개돌 아래 잘 다듬은 장대석 4매(원래 6매)로 무덤방을 만든 것으로 보인다.

벽송리 고인돌군에서 덮개돌을 둥글게 다듬은 중심부에 있는 고인돌은 당시의 축조 기술을 엿볼 수 있는 우리나라 대표적인 기반식 고인돌이다.

1998년 12월 전라남도 기념물 제124호로 지정되었고, 현재는 고인돌 주변을 정비하여 보존하고 있다.

❶ 벽송리 고인돌 ❷ 거북바위 ❸ 벽송리 고인돌 전경

논과 밭에 있는 운월리와 도장리 고인돌

시도기념물 226호

전남 화순군 도암면 운월리 216

화순 운월리와 도장리 고인돌군은 고당산(220m) 북쪽과 서쪽의 산기슭, 고갯마루, 평지 등 10여 곳에 50여 기가 분포하고 있다. 운월리 고인돌은 마을 남쪽 하천변 논 가운데 6기가 하천과 평행하게 줄지어 분포하며, 도장리 고인돌은 운주사 쪽으로 200미터 떨어진 도로변에 있다.

운월리 운포 고인돌은 817번 지방도로 확포장공사구간에 포함되어 1998년 전남대학교에서 조사에 나섰다. 조사 결과 6기의 고인돌과 1기의 돌덧널이 발굴되었고 주변에서 4기의 삼국시대 집자리도 발굴되었다. 발굴 후 이 고인돌은 인접된 도로변으로 옮겨 복원하여 관리하고 있다.

도장리 고인돌은 1985년 조사 당시, 도로 공사할 때 이미 여러 기의 고인돌을 깨서 없애버렸다고 하며 현재 5기만 남아 있다. 고인돌 가운데 가장 큰 것은 길이 460센티미터, 너비 360센티미터, 두께 80센티미터로 타원형이며 덮개돌 아래 장대석 5개가 괴고 있어 변형된 탁자식의 무덤방임을 알 수 있다.

운월리와 도장리 고인돌은 전라남도 기념물 제226호로 지정되어 관리되고 있다. 이 고인돌들은 대형의 덮개돌을 가진 대표적인 기반식 고인돌이며, 운월리 고인돌은 하천과 나란하게 줄지어 배치되어 있어 고인돌 군집 배치의 전형을 보여주고 있다.

❶ 운월리 고인돌군 전경 ❷ 운월리 고인돌 발굴 ❸ 운월리 고인돌 출토 유물
❹ 도장리 고인돌군

기념물로 지정된 연월리 고인돌

시도기념물 제227호

전남 화순군 동복면 연월리

연월리 고인돌은 월송마을 서북쪽 바우배기라는 곳에 36기 고인돌이 밀집 분포한다. 광산 김씨 선산 주변에 집중적으로 분포하고 있으며, 전체적으로 등고선을 따라 줄지어 있다.

고인돌의 크기는 길이 4미터 이상이 3기, 3미터 이상이 7기로, 36기 중 10기가 대형에 속한다. 고인돌들의 길이는 대체로 2~3미터이며 받침돌이 2~6개인 기반식 고인돌이 대부분이다.

또한 고인돌군 북쪽의 산기슭에는 덮개돌을 채석하기 위한 채석장이 있으며, 돌을 떼어내기 위해 쐐기를 박았던 흔적이 곳곳에 보인다. 또한 덮개돌로 사용하기 위해 채석한 뒤 옮기지 않은 석재들이 많이 남아 있다.

연월리 고인돌군은 36기가 대규모로 줄지어 있는 대표적인 고인돌 군집 지역이다. 대형의 괴석형 덮개돌을 가진 기반식 고인돌의 군집군으로, 전남이나 우리나라에서 보기 드문 고인돌군이라 할 수 있다. 화순군 일대의 고인돌 중 전라남도 기념물 124호로 지정된 남면 벽송리 유적과 비교하여 전혀 손색이 없는 유적이며, 세계유산으로 등재된 도곡면 효산리와 춘양면 대신리 유적처럼 채석장이 있어 그 가치가 매우 높다.

❶ 연월리 바둑판식 고인돌 ❷~❸ 줄지어 늘어선 연월리 고인돌 ❹ 연월리 고인돌군

국보로 지정된 대곡리 청동기 유물

국보 143호 일괄

전남 화순군 도곡면 대곡리

1973년에 발견된 화순 대곡리 청동기 유적은 도곡면 대곡리 중대곡 마을에 자리한 비봉산에서 북쪽 평야지대로 뻗은 작은 구릉의 정상 부근에 있다. 이 구릉은 해발 559미터로 동쪽에서 서쪽으로 흐르는 지석천과 주변의 넓은 평야를 굽어보고 있다.

1971년 12월, 집주인이 배수시설을 하다가 다량의 청동 유물을 발견하고 신고하자 문화재연구소에서 긴급 수습조사를 실시했다. 그 후 2008년 국립광주박물관에서 재조사하여 유구에 대한 정보를 확보했고, 목관편과 세형동검 2점을 더 발견했다. 발견된 청동기는 세형동검 5점, 청동거울 2점, 팔주령 2점, 쌍두령 2점, 동새기개 1점, 청동도끼 1점 모두 13점의 청동기이다. 이 청동 유물은 국보 143호로 지정되었다. 무덤은 풍화된 암반을 파고 깬돌로 쌓은 돌덧널 안에 통나무관을 안치한 후 진흙과 돌을 채운 돌무지나무널무덤임이 밝혀졌다.

이 무덤에는 청동 의기와 무기가 주로 부장되어 있어 무덤의 주인은 제사를 관장하면서 일정 지역을 통치한 정치적 지배자로 보고 있다. 이 지배자는 일정한 지역을 통치하는 지역공동체의 수장으로 지역 내의 이해관계를 조정하는 역할을 담당했을 것으로 보인다. 또 지역을 대표하여 제사를 지내는 집행자이며, 다른 지역과의 교섭·교역의 주체자로 정치적 권위와 권력을 강화하면서 세습적인 수장권을 형성했을 것으로 추정한다.

대곡리 유적의 시기는 수습된 목관편을 시료로 하여 측정한 방사성탄소연대는 2560±120B.P.이다. 이에 따라 기원전 500년 무렵에 이 유적이 만들어졌음을 알 수 있다.

❶ 대곡리 청동기 유적지 전경 ❷ 대곡리 유적 발굴 ❸ 대곡리 출토 청동 유물

고분과 불교 중심의 고대·역사 문화

백제 수장의 무덤 회덕 고분

기념물 192호

전남 화순군 능주면 천덕리

고분은 보통 옛무덤을 가리키지만 고고학에서는 각 지역을 다스리던 지배계층과 수장들의 대형 무덤을 가리킨다. 고분은 능주에서 화순으로 가는 도로변 관영리에 1기, 원지리 5기, 천덕리에 1기, 그리고 천덕리 회덕에 3기가 분포되어 있다.

회덕 고분은 충신강 동쪽에 자리한 천덕리 회덕마을의 북쪽 구릉 능선을 따라 일렬로 분포하고 있다. 고분군은 회덕마을 입구에서 마주 보이는 구릉의 능선을 따라 남서-북동 방향으로 3기가 있는데 구릉 아래쪽에 있는 2기의 평면 형태는 방형이고 가장 위쪽에 있는 1기는 원형이다. 크기는 민가의 무덤이나 마을 조성으로 훼손되었으나 대체로 21~25미터 정도이다.

천덕리 회덕 고분은 화순 지역에서 군집을 이룬 유일한 고분군이다. 이 고분들은 한 변이 20~30미터에 이르고 높이 3~5미터로 규모가 상당히 큰 고분군이다. 그리고 발굴은 되지 않았지만 주위에 주구(周溝, 봉토를 조성하기 위해 흙을 채취)의 흔적이나 봉분에 돌을 깐 즙석(葺石, 이음돌) 흔적 등은 영산강 유역의 고분과는 다른 양상을 보인다. 이러한 양상은 영산강 유역 고분의 전통을 가지면서 외부의 영향을 받은 것으로 생각된다.

지석천을 사이에 두고 인접한 능주 지역은 마한시기의 여래비리국(如來卑離國) 또는 내비리국(內卑離國)으로 추정하고 있으며, 백제시대에는 이능부리군(爾陵夫里郡)이 있었던 것으로 알려져 있다. 영산강의 상류인 지석천은 남쪽의 장흥이나 보성에서 내륙인 나주로 통하는 길목에 자리 잡고 있기 때문에 양 지역의 문화를 수용할 수 있는 지정학적 위치에 있다. 이러한 지정학적 위치는 능주 지역이 고대의 중심지 역할을 했을 것이란 추정이 가능하고, 이 지역에 고고학적 유적인 고분이 곳곳에 분포하고 있는 것과도 무관하지 않다. 따라서 회덕 고분군은 백제시대와 관련한 통치자의 무덤일 가능성이 높다고 본다. 능주면 일대에 고총고분이 있는 것은 백제시대에 이 주변 일대를 통치한 집단이 거주했음을 보여주는 자료이다.

천덕리 회덕 고분

퇴뫼식의 비봉산성

전라남도 기념물 194호

전남 화순군 능주면 남정리

비봉산성은 능주면과 도곡면의 경계지역에 있는 비봉산 일대에 쌓은 퇴뫼식(산 정상을 둘러가며 쌓는 방식) 석축성으로 성문은 동쪽과 서쪽 두 곳에서 그 흔적을 확인할 수 있다. 성벽은 능선이나 절벽 등을 이용하여 축조했는데 주변의 자연석을 잘 가공하여 정연하게 편축식(片築式, 성벽 밖의 벽만을 돌로 쌓고 안은 흙이나 잡석으로 채우는 방식) 또는 협축식(夾築式, 성벽 안과 밖을 모두 돌로 쌓는 방식)으로 쌓았다. 성벽의 형태를 보면 성벽의 기단석은 큰 돌을 사용했고, 큰 돌 사이에 작은 돌을 끼워 넣어 벽을 보강해 놓았다.

동벽은 안산 정상부로 가는 능선을 가로지르는 곳이며, 능선 비탈면과 돌출된 구릉 평탄부를 이용했다. 완만한 산기슭의 평탄한 곳에는 부분적으로 5~6단의 돌을 쌓아 축조했다. 남벽은 안산 정상에서 나지막한 봉우리로 연결되는 능선인데 산 비탈면을 깎아낸 뒤 양쪽에 돌을 쌓은 협축식이다. 서벽은 나지막한 봉우리에서 비봉산 정상부로 연결되는 가파른 능선을 깎아낸 뒤 가공한 자연석을 양쪽에서 축조했으며, 북벽은 안산으로 오르는 능선에 있는 계곡과 절벽을 이용했다.

성벽은 해발 170~220미터 일대에 분포하는데, 그 가운데 북벽과 서벽이 비교적 잘 남아 있다. 2014년 서벽 주변을 시굴 조사한 결과, 성벽의 길이 4.19미터, 높이 4.0미터가 남아 있다. 성벽 이외에 성문터(門址) 치(雉, 방어시설), 우물, 건물지, 물 저장고도 확인되었다. 출토된 유물은 사격자문, 선문, 수지문 등의 통일신라~고려시대의 기와편이 출토되었다.

비봉산성은 『동국여지지』, 『여지도서』 등의 기록과 발굴 유물로 볼 때 통일신라~고려시대에 축성된 산성으로 파악된다.

❶ 비봉산성의 서벽 ❷ 비봉산성 우물 ❸ 비봉산성 출토 기와 ❹ 비봉산성 전경

국보와 보물을 간직한 쌍봉사

전남 화순군 이양면 쌍산의로 459

쌍봉사는 신라 경문왕(景文王) 때 도윤(道允)이 창건하고 자신의 호를 따라 쌍봉사라 하였으나 임진왜란 때 폐사된 것을 1628년(인조 6년) 탑지(塔址) 위에 현재의 3층 대웅전을 중건했다. 이후 중창을 거듭하다가 1950년 일부 건물과 재산이 불에 타 없어지고, 대웅전과 극락전만이 보존되어 왔으나 1984년 3층 목조 대웅전이 불에 타는 비운을 겪었다. 1986년 대웅전이 복원되고 해탈문, 요사채, 종각, 죽로전이 건립되는 등 사찰의 중창이 이루어졌다.

사찰 경내의 철감선사탑(澈鑒禪師塔), 대웅전, 철감선사탑비(澈鑒禪師塔碑) 등이 국보와 보물로 지정되었다. 철감선사탑은 8각 원당형(圓堂形)에 속하는 부도(浮屠)로 그 시대의 부도 가운데 최대의 걸작품으로 알려져 있고, 대웅전은 평면이 네모반듯한 3층 전각으로 목조탑파(木造塔婆)의 형식인 희귀한 건축물이다. 그러나 철감선사탑비는 거북 모양의 받침돌인 귀부(龜趺)와 비석의 머리 부분에 해당하는 이수(螭首, 뿔 없는 용의 머리를 아로새긴 형상)만 남은 몸통이 없는 무신비(無身碑)이다.

○ **철감선사탑:** 나무를 다룬 듯한 석재 가공이 뛰어나고 8각 원당형의 전형적인 모습인 이 탑은 비례 감각이 훌륭하다. 당대 최고의 석수 장인이 조각했을 것으로 보이며, 당시 철감선사의 위치를 확인해볼 수 있다. 국보 57호.

○ **철감선사탑비:** 비의 몸돌은 없어졌지만, 거북의 오른쪽 앞발이 들려 있고 왼쪽 앞발은 땅을 딛고 있어 거북의 힘찬 모습이 살아 있는 듯하다. 선명한 귀갑문이나 구름을 표현한 이수의 모습 등은 당시 석조 예술의 단면을 보여주는 듯하다. 보물 제170호.

❶ 쌍봉사 대웅전 ❷ 쌍봉사 철감선사탑 ❸ 쌍봉사 철감선사탑비

천불천탑의 운주사

사적 312호

전남 화순군 도암면 용강리 산 3번지

운주사는 산등성이의 좌우에 천불과 천탑이 있었다고 할 정도로 많은 석탑과 석불이 있는 사찰로 유명하다. 도선국사가 하룻밤 사이에 천불천탑을 세웠다는 전설을 간직하고 있으며 고려시대의 절터가 남아 있다.

절을 처음 창건한 연대에 대해서는 알지 못하나 고려 중기에서 말기까지 매우 번창했던 것으로 보이며, 15세기 후반에 다시 지어졌다가 정유재란으로 폐찰되었다고 기록되어 있다.

처음에는 '배를 움직인다'는 운주사(運舟寺)였다가 발굴 조사에서 '구름이 머무는 곳'이라는 기와 명문이 발견되어 운주사(雲住寺)로 바뀌었다.

『동국여지승람』에는 석불석탑이 1천 구씩 있다고 기록되어 있으나 현재 석탑 18기, 석불 70구가 남아 있다. 이 불상들은 평면적이고 토속적인 얼굴 모양, 돌기둥 모양의 신체, 어색하면서도 균형 잡히지 않은 팔과 손, 규칙적인 옷주름, 둔중한 조각 기법으로 어느 불상에서나 볼 수 있는 특징이다.

석탑 18기도 여기저기 서 있는데 원형탑, 원판형탑과 같은 특이한 모양의 탑이 있으며, 3층, 5층, 7층 등 층수도 다양하다. 특히 이 탑들에서 눈에 띄는 것은 기단이나 탑신석의 면석에 'X', '◇'과 같은 기하학적인 무늬들이 새겨져 있다는 점이다.

운주사에는 누운 부처(와불)가 있어 더욱 유명하다.

○ **와불(臥佛)**: 계곡의 산 정상에 머리를 남쪽으로 하고 누워 있어 '누운 부처'라고 한다.
이 와불에 관한 설화를 소개하면 통일신라 말 도선국사가 하룻 낮, 하룻밤 사이에 천불천탑을 세워 새로운 세상을 열어보고자 했으나 공사가 끝날 무렵 일하기 싫어하는 동자승이 "꼬

끼오" 하고 닭 울음소리를 내는 바람에 석수장이들이 모두 날이 샌 줄 알고 하늘로 가버려 결국 와불로 남게 되었다고 한다. 이 와불이 일어나는 날 이곳이 서울이 된다는 전설이 있다.

○ 석탑

· **9층석탑:** 거대한 바위를 탑 자리 돌로 삼아 세워진 석탑이며, 운주사를 배 형국으로 볼 때 이 탑은 돛대에 해당한다. 보물 796호

· **원형다층탑:** 한국 석탑에서 가장 특이함을 보여주는 탑으로 지대석, 기단부, 탑신부의 탑신과 옥개석 모두가 원형이다. 떡탑, 연화탑이라고도 한다. 보물 798호

· **석조불감:** 석불좌상 2구가 벽을 사이에 두고 서로 등을 대고 있다. 두 석불상은 손의 모습이 각기 다르며 그 앞에는 문을 달았던 흔적이 남아 있다. 보물 797호

❶ 운주사 대웅전 ❷ 와불 ❸ 석조불감 ❹ 원형다층탑 ❺ 9층석탑

정암 조광조 선생 적려유허 추모비

도지정 기념물 41호

전남 화순군 능주면 남정리

적려(謫廬)란 귀양 또는 유배되어 간 곳을 가리키며, 유허비(遺墟碑)는 한 인물의 옛 자취를 밝혀 후세에 알리고자 세우는 비를 말한다. 이 비는 조선 중종 때 이곳에 유배된 조광조 선생의 옛 자취를 기록해 두고 있다.

조광조(趙光祖, 1482~1519) 선생의 호는 정암(靜庵)으로, 중종 10년(1515) 문과에 급제하여 성균관 전적, 사헌부 감찰, 예조좌랑 등을 역임했다. 중종 14년(1519)에 대사헌에 이르렀으나 기묘사화를 당해 이곳 능주 지방으로 유배되었으며, 그해 12월 20일에 사약을 받았다. 선생은 기성세력을 축출하고 새로운 정치질서를 이루려다 뜻을 이루지 못했으며, 선생이 죽은 후 선조 대에 이르러 영의정에 추증되어 문묘에 배향되었다. 훗날 선생의 학문과 인격을 흠모하는 후학들이 곳곳에 사당을 마련하고 서원도 설립했다.

추모비는 받침돌 위로 비의 몸을 세우고, 머릿돌을 얹은 모습이다. 받침돌은 자연석에 가까운 암석으로 거북의 형태이다. 비 몸에는 앞면에 '정암조선생적려유허추모비'라는 글씨를 2줄의 해서체로 새겼으며, 뒷면에는 선생의 유배 내력을 적었다. 머릿돌은 반달 모양으로 앞면에는 두 마리의 용이 엉켜 있고 뒷면에는 구름을 타고 오르는 용의 모습이 조각되어 있다.

비를 제작한 시기는 현종 8년(1667) 4월로, 당시 능주목사 민여로(閔汝老)가 건립했으며, 비문은 송시열(宋時烈)이 짓고 글씨는 송준길(宋浚吉)이 썼다.

1986년 강당과 영정각, 유배생활을 하던 초가를 복원하여 적려유허비 주변을 정비했다.

❶ 정암 조광조 유허비 ❷ 정암 조광조 유허비 전경 ❸ 조광조 선생 초가

정암 선생의 학문과 덕행을 추모한 죽수서원

문화재자료 130호

전남 화순군 한천면 학포로 1786-45(모산리)

죽수서원은 선조 3년(1570) 조광조 선생을 추모하기 위해 세웠다가 같은 해에 나라에서 '죽수竹樹'라는 현판을 받아 사액서원(나라에서 공식으로 인정하여 서원 이름을 새긴 현판과 노비·서적 등을 하사한 서원이다)이 되었다. 인조 8년(1630)에 조광조 선생을 따르던 양팽손(梁彭孫, 1480~1545)의 위패를 추가로 모셨는데, 고종 5년(1868) 흥선대원군의 서원철폐령으로 폐쇄되어 단(壇)만을 마련하고 제사 지내왔다.

이후 1971년 능주의 유림과 제주 양씨 후손들이 월곡리에다 죽수서원을 복원했다. 그러다가 1983년 다시 조광조 선생 후손들이 원래 있는 자리로 옮겨 지어 지금의 모습을 갖추게 되었다.

경내 건물로는 3칸 크기의 사우, 내삼문, 외삼문과 3칸 크기의 강당이 있다. 배치 형태는 내삼문과 좌우로 둘러진 담장으로 제사 지내는 곳과 교육하는 곳으로 분리한 전학후묘(前學後墓)의 형태이다. 1989년 동재, 1994년에 관리사를 새로 지었다. 해마다 음력 2월과 8월에 제사를 지낸다.

❶ 죽수서원 외삼문인 고경루 ❷ 죽수서원 표지석 ❸ 조광조·양팽손 선생 유지(遺址) 추모비

화순 적벽과 김삿갓

전라남도 기념물 제60호

전남 화순군 이서면 장학리(보산리, 창랑리)

적벽(赤壁)은 1519년 기묘사화 후 동복에 유배 온 신재(新齋) 최산두(崔山斗, 1483~1536)가 중국의 적벽 못지않다 하여 적벽이라 부른 후 많은 풍류 시인들이 이곳에 들러 그 아름다움을 찬양했다고 한다.

동복댐 상류에 있는 화순 적벽(노루목 적벽)과 보산리 적벽, 창랑리 적벽, 물염 적벽 등 4개로 나뉘어 있다. 그 가운데 풍광이 가장 뛰어난 창랑리 적벽은 높이 40여 미터, 길이 100여 미터로 이어진 절벽군으로, 웅장하고 경치가 매우 뛰어나 아름다운 신선들이 살고 있을 것만 같은 모습이다.

○ 물염정(勿染亭)

물염정은 홍주 송씨 물염(勿染) 송정순(宋庭筍)이 16세기에 건립한 정자이다. 사화와 붕당의 시대를 지냈던 송정순은 이곳에서 '세상 어느 것에도 물들지 않고 티끌 하나 속됨 없이 살겠다'는 뜻을 담고 최산두 선생과 교우하며 물염과 적벽을 병풍 삼아 은거하고 살았다.

정면 3칸, 측면 3칸 대청 모양의 1층 팔작지붕 건물이다. 건물 안에는 김인후, 이식, 권필, 김창협, 김창흡이 남긴 시문(詩文) 등 모두 28개의 현판이 있다. '말 물(勿), 물들일 염(染)', 다시 말해 세속에 물들지 말라는 당호처럼 꾸밈없이 수수하다.

○ 김삿갓 시비

물염정 바로 아래쪽에 김삿갓 시비가 있다. 김삿갓의 본명은 김병연(金炳淵)이며 조선 후기 방랑시인이다. 김삿갓은 1807년 경기도 양주군 회동면에서 출생하여 전국을 떠돌다가 이곳 적벽에 매료되어 1863년 작고할 때까지 살았다.

삿갓을 쓰고 전국 각지를 유랑했으며, 발걸음이 미치는 곳마다 많은 시를 남겼다. 그의 한시는 풍자와 해학을 담고 있어 희화적이라는 평가를 받고 있다. 1978년 그의 후손들이 광주 무등산 기슭에 시비를 세웠고, 1987년 전국 시가비건립동호회에서 영월에 시비를 세웠다.

현재, 이곳에서 가까운 동복면 구암리에는 김삿갓의 초분지(草墳地)가 보존되어 있다.

❶ 가을 단풍에 물든 적벽 ❷ 김삿갓 시비 ❸ 물염정

능주 팔경의 영벽정

문화재자료 67호

화순군 능주면 관영리

영벽정(映碧亭)은 계절에 따라 바뀌는 연주산(聯珠山)의 경치가 맑은 지석강에 투영되어 그 모습을 운치 있게 바라볼 수 있는 정자라 하여 붙인 이름으로, 능주 팔경 가운데 하나이다. 2층 팔작지붕에 정면 3칸, 측면 2칸의 누각이다.

건립 연대는 확실하지 않으나 김종직(1431~1492)의 시, 『신동국여지승람』(1481~1531년 편찬), 양팽손의 제영(題詠)으로 보아 조선 초기에 건립된 것으로 추정된다. 영백정 옆에는 비석이 여러 기 세워져 있는데 '목사한공치조영세불망비(牧使韓公致肇永世不忘碑)'는 1871년에 세워진 것이다.

지석강 주변에 경관이 아름다운 경승지가 자리하고 있어 관광객들의 휴식처로 널리 이용되고 있다.

주자학의 시조를 모신 주자묘

화순군 능주면 천덕리 337번지

주자묘는 화순군 능주면 천덕리 337번지에 자리 잡고 있으며, 조선 성리학의 근간이 되는 주자학의 시조 주희(朱熹)를 배향하는 사당이다. 1905년 영모당(永慕堂)으로 건립되었다가 1978년 증축한 건물이다. 건축학적 측면보다는 역사학적 측면과 향토사적 측면에서 가치를 인정받았다.

주자(1130~1200)의 이름은 희, 호는 회암, 자양이며, 송학을 집대성하고 성리학 체계를 마련하여 주자학의 시조가 된 현인으로, 그가 저술한 책은 700여 권에 달한다. 주자학은 1224년 고려로 정치 망명한 그의 증손 주잠

(朱潛)에 의하여 처음으로 이 땅에 들어왔으며 안향, 정몽주, 이색, 길재 등 고려 학자가 이를 계승했다.

조선시대에 이르러 국학이 되었고 김종직, 조광조, 서경덕, 이황, 이이, 송시열 등 많은 학자가 배출되었으며, 한·중·일 동양 삼국 유학의 주류를 이루었다. 현재 세계 각국 학자들이 주자학을 재평가하여 연구하고 있다. 이 묘는 1978년 10월에 준공되었으며 후손들이 매년 5월 5일에 제사를 올리고 있다.

❶

❷

❸

❹

❶ 영벽정 ❷ 영벽정 옆 1871년에 세워진 비석 ❸ 주자묘 ❹ 주자묘 사당

참고 문헌

고인돌 관련 서적

이건무 · 조현종, 2000, 『선사유물과 유적』

이영뮤, 2001, 『고인돌이야기』, 다지리

문화재청, 2002, 『한국의 세계유산』

이영문, 2002, 『한국지석묘사회연구』, 학연문화사

이영문, 2004, 『세계문화유산 화순고인돌』, (재)동북아지석묘연구소

동북아지석묘연구소, 2004, 『세계거석문화와 고인돌』

이영문 · 신경숙, 2005, 『화순고인돌 사람들 이야기』, (재)동북아지석묘연구소

동북아지석묘연구소, 2007, 『아시아거석문화와 고인돌』

우장문 · 김영창, 2008, 『세계유산 강화고인돌』, 고인돌사랑회

호남문화재연구원, 2008, 『문화유산 보존과 활용』

이영문 · 신경숙, 2009, 『세계유산 고창고인돌』, (재)동북아지석묘연구소

이영문, 2014, 『고인돌, 역사가 되다』, 학연문화사

고인돌 관련 홈페이지

–문화재청 www.cha.go.kr

–세계유산 화순고인돌유적 www.dolmen.or.kr

–세계유산 고창고인돌유적 dolmen.gochang.go.kr

–세계유산 고창 · 화순 · 강화 고인돌유적 www.dolmens.or.kr

–동북아지석묘연구소 www.idolmen.or.kr

–고창고인돌박물관 www.gcdolmen.go.kr

–고인돌사랑회 www.igoindol.net

–유네스코 한국위원회 www.unesco.or.kr